小学校社会科

Before & Afterでよくわかる！

子どもの追究力を高める
教材&発問モデル

筑波大学附属小学校 **由井薗健・粕谷昌良** 監修
小学校社会科授業づくり研究会 編著

明治図書

まえがき

　「先生，聞いて！　私，気になって昨日スーパーの店長さんにもう一度インタビューしてきちゃったんだけど，実はね…」
　「僕，昨晩ネットでもう一度調べたら，自分の考えが変わってきちゃった。今日の社会で，みんなの意見がメッチャ気になる…」
　自らの力で調べ，考えてきた子どもの目は輝いている。その言動には勢いがある。社会科の授業をしていて，本当に嬉しい瞬間である。
　今，教育界では，次期学習指導要領に向け，課題の発見・解決に向けた主体的・対話的で深い学びの重要性が叫ばれている。子どもたちが，グローバル化と情報化による変化の激しい予測困難な時代を豊かに生き抜いていくために，今ほど「問題解決的な学習の充実」が求められるときはない。
　だからこそ，社会科では，「子どもたち一人ひとりが社会的事象に対して問いをもち，粘り強く調べたり考えたりすることを通して，また問いをもつ…」，このような授業を通して，子どもたち一人ひとりの追究力を高めていきたい。
　子どもたちとともに，このような社会科の授業をつくり上げていくためには，子どもたち一人ひとりが，社会的事象に対して問いをもつことが必要不可欠である。なぜなら，問いをもつということによって，教師の教えるべきことが，子どもの学びたいことに転化するからである。そして，その一人ひとりの問いは，クラスの子どもたちみんなで追究していく問いに統合されることで学習問題として成立する。
　このような学習問題の成立によって，子どもたちが主体的に問題を追究するエネルギーを生み出し，問題を追究する過程で調べたり考えたりしながら自ら学習内容を獲得し，より深く理解していくのである。したがって，学習問題は，子どもたち一人ひとりの追究力を高める社会科授業の核と言える。

ところが，学習問題を成立させることは，決して容易ではない。
　学習問題は，社会的事象と出会った子どもたちの単なる思いつきや疑問ではない。あくまでも単元目標へ導く問いでなければならない。
　また，問題解決学習の本質から言うと，学習問題をつくるのは，子どもであることが望ましい。そのせいか，学習問題の言葉を引き出そうと誘導尋問を繰り返す授業を見ることも少なくはない。大切なことは，子どもたちが社会的事象（具体的な事実）をじっくりと見つめ，「何としても追究していきたい」という問いをもつことである。
　そのためには，子どもたちから「おかしいよ！」「えっ，そんなに？」「ひどい！」「僕ならこう考えるよ」「私はこっちの立場なんだけど…」というような声がわき出るような教材づくりや発問の工夫が必要である。このような教材や発問によって，学習問題をきちんと成立させ，子どもたち一人ひとりの追究力を高める社会科の授業が，今，求められているのである。

---

❶「おかしいよ！」←これまでの経験をくつがえす教材＆発問
❷「えっ，そんなに？」←数量に対する驚きを呼び起こす教材＆発問
❸「ひどい！」←怒りなどの心情に訴える教材＆発問
❹「僕ならこう考えるよ」←多様な見方・考え方を生み出す教材＆発問
❺「私はこっちの立場なんだけど…」←価値の対立を引き起こす教材＆発問

　本書では，「子どもを夢中にさせる教材づくり」と「子どもの思考をゆさぶる発問づくり」の具体例やポイントを解説するとともに，「子どもの追究力を高める教材＆発問モデル」として，3年から6年までの実践モデルを60事例，「Before & After」という形式で掲載した。本書によって，たとえ「劇的」ではなくても，子どもたちの追究力を高めるための着実な一歩を読者の皆様が踏み出すことができれば，執筆者の一人として幸いである。
　最後に，本書をまとめるにあたって，大変なご苦労をおかけした編集担当の茅野現氏，赤木恭平氏に多大な感謝を申し上げる次第です。　　　由井薗　健

Contents

まえがき

第1章

すぐれた教材&発問で,子どもの追究力が高まる!

1 子どもを夢中にさせる!教材づくりのワザ

① 「おかしいよ!」これまでの経験をくつがえす教材 ……… 10
② 「えっ,そんなに?」数量に対する驚きを呼び起こす教材 ……… 12
③ 「ひどい!」怒りなどの心情に訴える教材 ……… 14
④ 「僕ならこう考えるよ」多様な見方・考え方を生み出す教材 ……… 16
⑤ 「私はこっちの立場なんだけど…」価値の対立を引き起こす教材 ……… 18

2 子どもの思考をゆさぶる！発問づくりのワザ

① 「おかしいよ！」これまでの経験をくつがえす発問 ……… 20
② 「えっ，そんなに？」数量に対する驚きを呼び起こす発問 ……… 22
③ 「ひどい！」怒りなどの心情に訴える発問 ……… 24
④ 「僕ならこう考えるよ」多様な見方・考え方を生み出す発問 ……… 26
⑤ 「私はこっちの立場なんだけど…」価値の対立を引き起こす発問 ……… 28

第1章のまとめ＆第2章の読み方 ……… 30

Before & After でよくわかる！
子どもの追究力を高める
教材＆発問モデル

3年

学校のまわり	発問① 32
市の様子	教材① 34

店ではたらく人	教材①	36
農家の仕事	教材④	38
工場の仕事(1)	教材④	40
工場の仕事(2)	発問②	42
工場の仕事(3)	発問②	44
昔の道具とくらし	教材⑤	46

4年

火事からくらしを守る	教材①	48
事件・事故からくらしを守る	教材②	50
水はどこから	教材①	52
ごみの処理と利用	教材④	54
郷土の発展に尽くす(1)	教材②	56
郷土の発展に尽くす(2)	発問①	58
郷土の発展に尽くす(3)	発問③	60
わたしたちの県・特色ある地域とくらし(1)	教材①	62
わたしたちの県・特色ある地域とくらし(2)	発問①	64
わたしたちの県・特色ある地域とくらし(3)	発問④	66

5年

国土の地形の特色(1)	発問①	68
国土の地形の特色(2)	教材①	70

暖かい土地のくらし　寒い土地のくらし	教材①	72
米づくりのさかんな地域(1)	教材③	74
米づくりのさかんな地域(2)	発問②	76
水産業のさかんな地域(1)	教材①	78
水産業のさかんな地域(2)	発問⑤	80
これからの食料生産とわたしたち	教材⑤	82
工業生産と工業地域	発問②	84
自動車をつくる工業(1)	教材②	86
自動車をつくる工業(2)	発問⑤	88
情報化した社会とわたしたちの生活(1)	教材④	90
情報化した社会とわたしたちの生活(2)	発問①	92
環境を守るわたしたちのくらし(1)	教材①	94
環境を守るわたしたちのくらし(2)	発問①	96
環境を守るわたしたちのくらし(3)	発問①	98
自然災害を防ぐ(1)	教材④	100
自然災害を防ぐ(2)	発問④	102

6年

縄文のむらから古墳のくにへ	教材①	104
天皇中心の国づくり(1)	発問③	106
天皇中心の国づくり(2)	発問⑤	108
貴族のくらし	教材①	110
武士の世の中へ(1)	教材②	112
武士の世の中へ(2)	発問④	114
武士の世の中へ(3)	発問②	116

武士の世の中へ(4)	発問⑤	118
3人の武将と天下統一(1)	教材④	120
3人の武将と天下統一(2)	教材④	122
江戸幕府と政治の安定	教材④	124
町人の文化と新しい学問(1)	教材①	126
町人の文化と新しい学問(2)	発問①	128
世界に歩み出した日本(1)	発問①	130
世界に歩み出した日本(2)	教材④	132
長く続いた戦争と人々のくらし(1)	発問④	134
長く続いた戦争と人々のくらし(2)	発問②	136
長く続いた戦争と人々のくらし(3)	教材④	138
新しい日本，平和な日本へ	発問⑤	140
わたしたちの生活と政治(1)	教材④	142
わたしたちの生活と政治(2)	発問④	144
わたしたちのくらしと日本国憲法	教材②	146
世界の未来と日本の役割(1)	教材④	148
世界の未来と日本の役割(2)	発問③	150

第 **1** 章

すぐれた教材＆発問で,
子どもの追究力が高まる！

1 子どもを夢中にさせる！教材づくりのワザ

教材①　「おかしいよ！」これまでの経験をくつがえす教材

　東日本大震災という未曾有の自然災害により防災の意識は大きく変化した。「想定外」の津波の威力は，ギネスに認定され，釜石の「安心の砦」であった釜石湾口防波堤も破壊した。

　5年生の子どもたちは「自然災害とともに生きる」という本単元において，日本の国土で起こる，様々な自然災害の発生の仕方について調べた後，この釜石にある「世界最大水深」の防波堤が破壊された事実を，教師の提示した映像資料で知ることとなった。国が総工費1200億円と30年の年月をかけてつくった「世界最大水深の防波堤」は，津波によって壊されてしまったのである。津波は釜石の市街地に流れ込み168haが水びたしになり，釜石市内では1145人の死者・行方不明者が出たことを伝えた後，1枚の写真を提示した。震災直後の3月13日に釜石の市街地で撮影された家族の写真（「手を取り合って，倒れた信号機の横を歩き避難する親子」提供：朝日新聞出版）である。そして『今，ここに立っている家族はどんな気持ちだと思いますか？』と発問する。「知り合いが亡くなった。悲しい…」「亡くなった人をかえしてほしい！」「たくさんの人の命を奪った津波が憎い！」「想定外だった…」「なぜこのようなことになったんだ。"世界一"の防波堤，"安心の砦"だったのに…」。

　『確かに釜石の"安心の砦"は壊されてしまったけど，このままではいけないよね。実は，防波堤の再建工事が翌年の2月26日から早速開始されました。2018年3月までに完成させる予定です。どのような防波堤が完成すると思いますか？』とさらに問う。「津波を防げる防波堤！」「前より高い防波堤！」などと矢継ぎ早につぶやいていく子どもたち。そこで，次のような意

外な事実（日本経済新聞2012年3月2日の釜石湾口防波堤再建の記事）を提示する。『再建される防波堤は，以前の防波堤と同じ高さなんだ…』。

すると，間髪入れず，「おかしい！」「納得できない！」「釜石の人たちは，納得したの？」「どうして前と同じ高さなのかわからない！」「前と同じだったら防ぎようがないよ！」と教室中で大ブーイングが起こった。このような流れの中で，「再建される防波堤は前と同じ高さ！釜石の人たちは納得したのか？」という学習問題が成立したのである。

どんなに計画的に防波堤などの施設を充実させても，自然災害を防ぐことは不可能である。釜石の「安心の砦」は確かに破壊された。しかし，津波の高さを6m抑え，その到着を6分遅らせることはできた。その結果，1300人が避難所までたどり着けたと推計されている。たとえ防波堤というハード面（公助）では防げなくても，「想定外」を前提とした避難計画を一人ひとりがつくり，日頃から避難訓練を怠らないといったソフト面（自助・共助）で補完していくことにより，自然災害を減らすこと（減災）はできるのである。「再建される防波堤は，前と同じ高さ」というこれまでの経験をくつがえす具体的事実との出会いによって，「協力して自然災害を防ぐ」多重防災の必要性とその課題について，より実感的に理解していく姿を見ることができた。

これまでの経験をくつがえす教材づくりのポイントは，**子どもたちのもっている認識をゆさぶるような具体的事実（社会的事象）を提示すること**である。「当然こうなるはずだ」「こうなってほしい」というこれまでの経験をもとにした認識をひっくり返すのである。そのためには，**これから学習する単元について，子どもたち一人ひとりがどのような認識をもっているのかを探り，それをもとにして教材をつくっていくことが大切である**。今，目の前にいる「この子」の目線で教材をつくるということである。

(由井薗)

参考資料：国土交通省「釜石港湾事務所」パンフレット
　　　　　（独）港湾空港技術研究所「釜石港における津波による被災過程を検証」

「えっ，そんなに？」
数量に対する驚きを呼び起こす教材

　3年「店ではたらく人」の単元。家庭での買い物の場面を想起し，どこで何を買っているのかについて話し合った後，クラス全員で1週間の買い物調べを行うことになった。

　買い物に行った店とそこで買った商品，気づいたこと，思ったことなどを記入する調査用紙を子どもたち一人ひとりに配布するとともに，保護者にもその調査の趣旨を伝え，協力を呼びかけた。1週間後，調査用紙を提出してもらい，教師が買った品物の数を「スーパー」「コンビニ」，パン屋，魚屋，肉屋などの「専門店」，「デパート」「宅配」などといった項目別（項目は子どもたちと決めた）に集計した。そして，1週間の買い物調べの集計結果の発表から授業を始めた。

　「デパート21品」「コンビニ62品」「宅配149品」「専門店223品」…発表ごとに，どよめきの声が広がっていく。予想通りだったり，そうでなかったり…自分たちで調査したからこその反応である。そして，最後の項目である「スーパー」で買った品物の数を予想させる。スーパーで買った品数が多いことは，一人ひとりの調査から何となくわかっている。一の位から数字を板書し，じらしながら「スーパー1244品」という結果を提示する。途端に「えっ，そんなに？」と，子どもたちから驚きの声があがった。すかさず，『なんで"えっ"なの？』と突っ込む。すると，「だって，確かにスーパーが一番だとは思っていたけど…」「そうそう。でも，いくらなんでもこんなに多いなんて…」という子どもたちのつぶやきの声が広がっていく。

　そこで，集計した「正の字」を提示する。子どもたちは再び「えっー！」

と驚きの声をあげる。子どもたちは,各自で自分の家が1週間に買い物した品数を「正の字」を使って集計しているので,その数の多さに,圧倒されるのである。「スーパーではたくさんの品物を買っている」という言葉だけのものを,具体的に感じたり,目に見えるようにしたりする演出が大切である。

「でも,なぜみんなスーパーでこんなに多くの買い物をするのだろう…」「確かに。安いだけじゃないよね…」。そのような子どもたちの驚きや疑問を増幅させることによって,「なぜスーパーで買い物をすることが多いのか?」という学習問題が成立した。

次の授業までの子どもたちの追究ぶりはすばらしかった。家の近くのスーパーに見学に行ってきた子,チラシを集めてきた子,親にインタビューしてきた子…。そこから,「品ぞろえ」「値段」「新鮮さ」「便利さ」などが,その理由なのではないかということになった。そして,問題を解決するために,駅前のスーパーにクラス全員で見学に行くことになった。

数量に対する驚きを呼び起こす教材づくりのポイントは,まず,**言葉だけのものを具体的に感じたり,目に見えるようにしたりする**ことがあげられる。「3mの雪が降るので大変」といっても,具体的なイメージとは結びついていない。そこで,3mの棒を持って町を歩いた映像を提示したり,実際に活動したりすることを取り入れることで,生活上の問題点に気づいていく。言葉だけのものを具体化する教材により,子どもたちは問いをもちやすくなる。

また,**数量の差異を際立たせるようにする**ことも大切である。例えば,打倒平氏を掲げて挙兵した源氏が,石橋山の合戦後,わずか2か月で300人から一体どれくらいの兵力に膨れ上がったのか。予想させた後に資料を提示する。なんとその数約20万人。子どもたちの驚きの声が聞こえてくるではないか。

(由井薗)

教材③ 「ひどい！」怒りなどの心情に訴える教材

　5年「私たちの生活と環境」の単元。水俣病患者の手の写真（※）をいきなりアップで提示する。「病気の人の手だ」「固まっていて動かなそう…」「これなら箸もにぎれないよ！」などの声が子どもたちの中から出てきたところで、写真をルーズにし直して提示する。「あっ」「患者さん！」そこで、5歳で発病し、8歳で亡くなった水俣病公式患者第1号である溝口トヨ子さんの詩を黙って提示した。

『水俣病・授業実践のために　学習材・資料編〈2016　改訂版〉』（水俣芦北公害研究サークル）より一部加工

　子どもたちは病気の実態を知るとともに、患者の思いに寄り添っていった。そして、水俣病の原因がC社の工場排水だったことや、その排水が止まったのはトヨ子さんが亡くなった12年後だったという事実を知ることになった。

　「工場は儲けることを優先したのかもしれないけど、命の方が優先だよ。ひどい！」「でも、何か止められない事情があったのかな…」「原因がわからなかったのかな？　それとも、わかっていても止めなかったのかな…」「東

京だったらきっと止めていた。水俣は都会じゃなかったから…」「止めたいけど止められなかったんじゃないか…。このときは高度経済成長期と言われていて他の国に追いつきたくて日本は必死にがんばっていた。死者が出たけれど，工場を止めると他の国に置いていかれるので，焦っていたのだと思う。でも，本当にそれでよかったのだろうか…」

　このような子どもたち同士のやりとりを通して，「なぜ工場の排水は止まらなかったのか？」という学習問題が成立した。そして，一人ひとりが自分なりの根拠をもって，問題を追究していく姿が見られた。

　社会科で子どもたちに出会わせる教材は，「現実性」（具体的な事実，社会的事象）だけでなく，「人間性」（社会のしくみの理解で終始するのではなく，人の暮らしのありようから人の思いにまで迫る）や「批判性」（社会と人々のありようの幸不幸や公正さの問題に目が開かれている）などの条件が内包されているものが多い。

　怒りなどの心情に訴える教材づくりのポイントは，特に**「批判性」のある教材を提示する**ことである。子どもたちが「ひどい！」「おかしい！」と叫ばずにいられない教材は，**理不尽な現実の中で生きる人の事実を，子どもたち自身で見つけることができる資料に加工する**ことが大切である。

　例えば，実践事例の中心資料である「しゃくらんしゃくとがっこういくと」では，5歳のトヨ子さんがつぶやいていた「外に出たい。はやく桜がさいて，学校に行きたい」という願いや，入学を楽しみにしながらも，入学することもなく死んでいった事実が，子どもたちの心情を強くゆさぶる。そして，九州地方の方言や発病，死亡した西暦から，幼い命を奪った原因が「水俣病」であることを子どもたち自身で突き止めていくのである。さらに，子どもたちは，トヨ子さんが亡くなった後も12年間排水を流し続けたという事実を，年表からつかんでいく。工場に対する憤りが，問題追究のエネルギーをさらに加速させていく。

（由井薗）

※　W．ユージン・スミス，アイリーン・M．スミス『写真集水俣』（三一書房）に掲載。

「僕ならこう考えるよ」
多様な見方・考え方を生み出す教材

　6年「武士の世の中」の単元。元寇において，大国である元軍を退けることができた理由について考える場面（学習問題「なぜ大国元を退けることができたのか」）である。

　「神社が毎日祈っていたおかげで神風が吹いたらしい」「防塁は，資料集に長さ20km，高さ2.5mと書いてあるから，結構大きい。しかも，ネット上では"元軍の上陸を一歩も許さなかった"とあるから，効果絶大だった」「竹崎季長のように，恩賞を求めて一生懸命戦う武士がいたからだ」。

　子どもたちは教科書や資料集に掲載されている資料をもとに，元軍が敗れたのは，暴風雨が来たことや防塁を築いたこと，そして，ご恩と奉公の関係のおかげだと考えていた。このように思考の安定してしまっている子どもたちの追究力をさらに高めるために，思考をゆさぶる次のような資料（旗田巍著『元寇―蒙古帝国の内部事情』（中公新書）をもとに作成）を提示した。

元軍の構成

	文永の役（1274年）	弘安の役（1281年）	
		東路軍	江南軍
船の数	900隻 高麗（朝鮮）が1～6月の6か月間の間に造る	900隻 高麗（朝鮮）が造る	3500隻 南宋（中国の南部）が造る
兵力	3万3千人	4万人	10万人 ※農具や種を持っていた
	①高麗（朝鮮）人 　1万2700人 ②宋（中国）の敗兵 ③女真人（満州） ④漢人（中国人） ⑤蒙古人（モンゴル人） 　約30人	①高麗（朝鮮）人　兵　1万人 　　　　　　　　　水夫　1万5000人 ②宋（中国）人・南宋人（10万人） ③遼（契丹人）④漢人　⑤女真人 ⑥トルコ人　⑦宋南人 ⑧蒙古人（モンゴル人）（140～150人）	
損害	1万3500人死亡 200隻沈没	10万7000人死亡 3500隻沈没	

「2度目の弘安の役では，3500隻も沈没して10万人の死者が出ている。やっぱり暴風雨のおかげだよ」「元は確かに大軍だったけど，高麗とか宋とかみんな元に滅ぼされた国の兵がほとんどだ。その兵は元のために自分たちが死ぬのは嫌だって思っていた。だから，最初から戦う気の少ない兵やちょっとでも不利なことがあったら逃げ出してしまう兵もいたと思う。そんな大軍だから，混乱しているところに夜襲をかければ絶対に打ち破れると思う」。
　『教科書に載っている竹崎季長が元軍と戦う姿を見て，何か気づきましたか？』「あっ，鼻ぺちゃ色白や色黒ひげもじゃなどいろいろな顔の兵士がいる！」「元軍は寄せ集めの連合軍だったから，中で対立も起きやすく，あんまりまとまりがなかったと思う。たくさんの国の人がいるわけだから，言語も違う。通訳も必要になるから，伝えるのが遅くなっちゃう」「指揮系統に乱れがあったと思う。何と言ってもモンゴル人が1000人に1人しかいないよ」「大陸の国の人たちだから，船は苦手だったのではないか」「しかも6か月で900隻造るとあるから，ちゃんとした船じゃなかったかもしれない。命令で嫌々やっていたんじゃないか」「僕，今気づいたんだけど，10万人の江南軍はすごい大軍だけど，そのうち1万5000人は水夫だし，"農具や種を持っていた"とあるから兵士じゃない人もたくさんいたんじゃないかな？」「日本の団結力とは大違いだ。武士たちもご恩のために本当によくがんばった。日本は暴風雨が来なくても勝つべくして勝ったんじゃないかな！」「でも，これだけがんばったけれど恩賞が出せない。時宗さん，悩ましいね…」。

　多様な見方・考え方を生み出す教材づくりのポイントは，まず，**教師自身が社会的事象（具体的な事実）を多面的に見て，その意味を考える**ことである。そして，**子どもたち自身が多面的に見ることができるよう，そのきっかけとなる事実を資料にちりばめる**ことである。
　ちりばめた事実から，子どもたち一人ひとりが既習の知識や生活経験と関連させて，社会的事象に対して新たな見方・考え方を獲得できるような教材をつくりたい。

（由井薗）

「私はこっちの立場なんだけど…」価値の対立を引き起こす教材

　６年「縄文のむらから古墳のくにへ」の単元である。子どもたちは，縄文時代の人々は，自然に左右されて生活していたことを学んだ。そのときの中心資料が，右下の縄文前期から弥生時代までの人口の変化のグラフ（鬼頭宏著『図説　人口で見る日本史』（ＰＨＰ研究所）をもとに作成）である。

　縄文前期から中期になるにしたがって人口は増えてくるが，中期から後期にかけて人口がぐっと減少してくる。人口に対して，食料が不足したり，自然環境の変化で食べ物が手に入らなかったりしたのである。ところが，縄文晩期から弥生時代にかけては，人口が急に増加してくる。このころ，米づくりが伝わってきたことに気づいた子どもたちは，この人口増加と米づくりとを関係づけて考え，その人口増加の理由を調べ始めた。

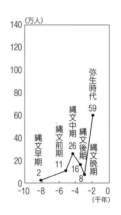

　米づくりを行うようになってから，食生活が変わったこと，移住生活をしなくてもよくなったこと，食べ物の心配がなくなったことなど，米づくりのよい面が見えてきた。そのとき，Ａ男が「米はまさに救世主だ！」と発言した。多くの子どもたちがＡ男の意見に同意した。ところが，Ｂ子が「救世主と言えるかな…。米がもとで争いがあったことを聞いたことがある」と疑問を投げかけた。

　そのようなやりとりの中で，「お米は人々にとって救世主になったのか？」という学習問題が成立した。そして，この時点での子どもたち一人ひとりの立場を明確にするために，名札マグネットを置くことにした。子どもたち自身がこの問題をどのようにとらえているかがはっきりしてくるし，立場が明確になると，調べる内容も見えてくるからである。

「人口が51万人も増加したのは、やはり米のおかげ。蓄えることもできるので、飢え死にがなくなり、生活が安定する」「獲物を追う必要が少なくなり、生活が安全で楽になった」など、それぞれ資料を提示しながら「救世主になった」と主張する子どもたち。しかし、「保存した米をめぐって争いが起こるようになった。悪い人間が出現してしまった」「飢えで死ぬことはないけど、お米が原因の争いで、死ぬ人もたくさん出てしまった」と、環濠集落や、「首のない人骨」の写真といった資料をもとに反対意見を主張する子どもたちも出てくる。

「飢えから解放された人の方が、争いで死んだ人数より多いから、人口が増えたんだ！」「でも、争いで死んだ人には、救世主どころではない。私は人に殺されるくらいなら、飢えで死んだ方がいい！」「いや、お米が伝わってきたから、高床式倉庫や青銅器など時代が進歩した。そして、ムラからクニに発展していった！」「みんな平等ではなくなってしまった。貧しい人と裕福な人の差も生まれた」「日本のもとができた。今、自分がここにいるのは米のおかげだよ！」「でも、争いの歴史も始まってしまった…」。

自分の考えがさらに強固になった子、自分の考えがゆらいだ子、自分の考えがまったく変わってしまった子…。価値の対立をもとにした話し合いを通して、仲間の考えを聞き、資料を吟味し、自分の考えを広げ、深めていったのである。

価値の対立を引き起こす教材づくりのポイントは、まず、**大人でもその価値を判断することが容易ではない、社会的事象（具体的な事実）を教材として選定する**ことである。そして、そのような社会的事象がもつ「光と影」の部分を、子どもたち自身で見つけることができるように、資料を加工することである。

問題を追究する意欲と能力を高めていくためには、子どもたちの中から、価値の対立が生まれることこそが、何より大切である。

（由井薗）

2 子どもの思考をゆさぶる！発問づくりのワザ

発問①

「おかしいよ！」
これまでの経験をくつがえす発問

　3年「お店ではたらく人」の単元。スーパーには様々な工夫があるのだが，その1つに広告配布がある。広告には様々なお店の工夫があり，例えば，「金曜日のお買い得」「ポイント5倍」「北海道フェア」「下処理いたします」「駐車場400台」など，消費者を引きつける情報の宝庫である。

　授業が始まると，教師は『ふむふむ』などと言いながら，広告を眺める。もちろん，演技である。子どもたちは「先生！　何やってるの？」「僕も見たい！」と引きつけられる。『これなーに？』と問うと，即座に「広告！」「チラシ！」と答える。そこで，『どうして広告ってあるのかな？』と発問する。すると，子どもたちはすぐに手をあげる。もし思いつかない子が数名いたら，『隣前後で相談していいよ』と言うと，意見を言い合って全員の手があがるようになる。授業は全員参加がよい。「お客さんに来てほしいから」「何が安いかわかるように」「他のお店より安いって知らせる」「買い物の計画を立てられるように」…それを丁寧に板書していく。子どもたちは自分の意見を板書されると嬉しくて，また発言したくなるものだ。

　意見が出つくしたら，『なるほど，広告にはたくさんの役割があるんだね。スーパーとだれをつなぐものなのかな？』と発問する。すると，一斉に手があがる。発問の答えは単語なので，だれかを指名するのもよいが，全員で声をそろえて言わせるのも技だ。声をそろえて言わせると，「お客さん」と言う中で，「客」「お客様」と少し違う言葉を使う子どももいる。そろわなくて，笑いが起こるのも楽しい。

　広告がお店とお客をつなぐものであることがわかったら，紙面から消費者を引きつける工夫を見つけさせたい。班に1枚ずつ広告を配って観察させる。そして，『お客様を引きつける工夫を見つけましょう』と指示する。子どもたちはグループで一生懸命に探す。机間指導しながら，声をかけて励ます。

さらに,『見つけたことをノートに書いていて偉い』と言って,メモをとる習慣をつけさせる。こういう積み重ねが,確かな技能として身についていく。

さて,全員メモがとれたら,班を順番に指していく。次は何を言おうかと班のメンバー同士で検討することにもなる。ある班は「曜日ごとに特価品が書かれています」と発言したとする。ここでスルーしてはいけない。『よく気づいたね。なんで曜日ごとにわざわざ違うの？』と切り返して発問する。これは【深める発問】である。目に見える事象の裏にある真実を探る発問である。子どもたちには難しいのだが,こう言われると挑戦して考える。発言を繰り返すうちに,次第に真実に近づいてくるから子どもはすごい。

「曜日ごとに品物を変えた方が,毎日来てくれるから」という意見が出てくる。すばらしい。もしこのような意見が出にくい場合は,【手助け発問】をする。いわゆる,スモールステップの発想である。この場合は,『お客にとっては,特売は1回より2回の方がいいよね。毎日の方がさらにいいはずだなあ』と発問する。他にも「特価品はいくつも売ると損をするから,曜日ごとに数を決めている」という深い意見も出てくる。発問により,子どもの思考が活性化されたと見てよい。

このように,広告にはお客とお店をつなぐ役割があり,紙面では上手にお店のアピールがされている。子どもたちは,広告はお店にとっては欠かせないものであることをつかむのだが,ここで,教師が『右の写真は行列ができる「さいち」というスーパーです。あまりにも売れるので,イトーヨーカドーの社長さんも勉強に来るくらいです。しかし,「さいち」はもう30年も広告をつくっていません』と発問する。

これは,これまでの経験をくつがえす【新たな視点を示す発問】である。子どもたちは,どうしてなのか調べたくて仕方がない。このスーパーには,どんな秘密があるのだろうか。追究が始まる(p.36-37の実践例参照)。(粕谷)

「えっ,そんなに?」
数量に対する驚きを呼び起こす発問

　4年「ごみの処理と利用」の単元。家庭や教室から出るごみの調査や収集場所の観察,清掃工場の見学などを行い,廃棄物が計画的に処理されていることを学ぶ。しかし,廃棄物の量は多量であり,最終処分場の確保にはどの自治体も頭を悩ませている。

　そこで,3R「リデュース」「リユース」「リサイクル」を学び,少しでもごみを削減する必要があるという具合に学習は進んでいく。しかし,3Rと簡単に言うが,実行するのは実に難しい。学習を終えた子どもたちが意識してごみを削減したり,3Rに取り組んだりすることができたら,主体的に社会にかかわる子どもに近づけたと言えるのではないか。

　ごみの収集は自治体によって多様だが,燃やせるゴミ・燃やせないゴミ・粗大ごみ・資源ごみと大きく4つに分けられ,その中が細分化されているという具合だろう。例えば,資源ごみをアルミ缶,スチール缶,ペットボトル,ビン,新聞紙,段ボールなどに分けるという具合にだ。単元の最初に,教室のごみを1週間ためておき,それを分別する活動から入る。掃除の担当に任せず,その週は教師がごみを集めて1つの袋に入れておく。学習内容にもよるが,工作の授業があるとごみ袋が何袋にもなることもある。著者の授業では,お楽しみ会などを開き,飲み物のペットボトルや缶も混ぜるように工夫する。それを教室に広げて『この教室で1週間に出たごみです』と言う。

　子どもたちは「すごい量だ」「こんなに出していたんだね」と驚く。一方で,「なんで分別していないの?」「全部混ざっていたらだめだ」「収集車が持って行ってくれないよ」という声も出てくる。そこで,分別表を見ながら,ごみの分別に挑む。子どもたちは,表で確かめながら,力を合わせて分別することができた。たった4

分別でも，ゴムやプラスチックなどは，燃えるゴミなのか燃えないゴミなのか，ひょっとしたらリサイクルできるのかもしれないと判断が難しい。だからこそ，『どうして分別しなければならないの？』と発問する。

「リサイクルできるものと，そうでないものがあるから」「リサイクルすればまた資源になるよ」「リサイクルできるものを燃やせるごみに入れたらもったいないよ」

そこで，『ごみの中のどれくらいがリサイクルできるのか知っている？』と発問する。これは【新たな視点を示す発問】である。

子どもたちはいろいろなことを言うが，出つくしたら，右の表を提示する。そのときに『何も言わないでじっくり見てください。何か言いたかったら，手をあげてください』と約束させる。表を見ると，東京23区

	リサイクル率（パーセント）
全国平均	21.7
札幌市	27.6
仙台市	18.9
さいたま市	22.4
東京23区	17.9
横浜市	26.4
川崎市	20.2
名古屋市	25.3
京都市	11.1
大阪市	9.3
神戸市	14.8
広島市	11.0
福岡市	8.7
上勝町	77.2

環境省「一般廃棄物処理実態調査結果」より（2014年）

のリサイクル率は17.9%でしかない。最初は自分の住んでいる自治体に目が行くが，圧倒的なリサイクル率に目が行く。約束しておいたので，気がついた子どもから手があがっていく。言いたくて仕方がない。全員が気がついたら，ある子を指名し，発言させる。「上勝町だけものすごいリサイクル率です」。そこで，上勝町を地図帳で探させる。子どもたちは当然，「どうしてこんなにリサイクル率が高いのか？」と疑問に思う。「分別方法に秘密がある」など意見が出たところで，『私たちの東京は４分別ですが，上勝町の分別は51種類です』と伝える。子どもたちは驚くとともに「そんなことができるのか」「４分別ですら大変だったのに」とさらに調べたくなる。

このように，**数字のギャップを使うときに大切なのは，その数字を実感できるかどうか**ということである。「４分別だとリサイクル率は18%。77%ってどうやったらできるの？」「４分別ですら大変。51分別なんてできるのか？」。体験しているからこそ，驚きや追究意欲も高まる。数字そのものでも驚きは演出できるが，数字と子どもの実感をリンクできるかがカギを握る。　（粕谷）

「ひどい！」
怒りなどの心情に訴える発問

　「ひどい！」と怒りなどの心情を抱くことは，問題意識として大変有効である。3年「地域の人々が受け継いできた文化財や年中行事」の実践である。教科書では文化財や年中行事の保存の取り組みを学ぶことが多いが，身近な地域を取り上げることで，人々の工夫や努力，願いをより深く考えていく。

　2013年夏に葛西海浜公園の人工の砂浜である西なぎさで，50年ぶりに23区内に海水浴場が復活した。その陰には，長く東京湾の水質向上に取り組んできた葛西の元漁師を中心とする「ふるさと東京を考える実行委員会」の活動がある。子どもたちは葛西を訪ね，取り組みの様子や干潟の観察，ゴミ拾い体験を通して海の豊かさと楽しさを味わい，漁師が葛西の海を大切にする気持ちの強さを感じた。しかし，「どうして大切な葛西の海は埋め立てられてしまったのか？」と子どもたちは疑問に思い，調べていく。すると，大切な葛西の海は高度経済成長期に汚染されていったことがわかった。漁師への聞き取りでは，遊んでいた海に注射針が捨てられ，目の飛び出した奇形の魚が打ち上げられており，「もうこの海では遊んではいけない」と直感したという。当然，漁師の家計は傾く。名産だったアサクサノリに油がついて出荷できなくなり，魚や貝類も激減した。「黒い水事件」と言われる製紙会社からの排水問題では，切羽詰まった漁師が製紙会社と暴動騒ぎまで起こす事態となった。悩んだ末に漁師は東京都港湾局に「海の汚染を取り締まってほしい」と陳情に行く。そのときの場面を授業で扱った。

　『そのとき，当時の港湾局長だった奥村武正氏はどうしたと思いますか？』と発問する。子どもたちは葛西の海での体験活動や黒い水事件で漁師が苦労していたことを学んだので，助けてあげてほしいという気持ちになる。「工場を取り締まった」「排水を止めさせた」「排水はきれいにしてから流すように指導した」そこで奥村氏の発言をゆっくりと読み上げる。『それではあな

た方は漁業をやめなさい，あなた方のもっている漁業権を売りませんか？　我々は海を埋め立てて土地にして，土地経営によってペイするし，あなた方には漁業補償という形で，お金を渡しましょう』と。子どもたちは憤然とする。「ひどい。まったく漁師の気持ちがわかっていない」「水をきれいにしてほしいのに，どうして漁業権を売れと言うの？」「全然要求と違う。漁師をやめろなんて！」しかし，『どうして奥村さんは漁業権を売りなさいと言ったのかな？』と発問する。**【新たな視点を示す発問】**である。子どもたちは考える。「奥村さんの立場では，東京湾を発展させる必要があったんじゃないか」「海はだめだから，諦めた方がいい。せめてお金をと」「前に調べたけど，東京湾の埋め立てで東京は発展したでしょ。だから奥村さんは東京都全体のことを考えていたんじゃないかな？」と視野を広げる。

　そこで，『みんなは奥村さんの答えに賛成できるかな？』と問う。賛成と反対が半数ずつだ。漁師の立場に立てば生活を奪われるのでとても賛成できない。一方で埋め立ては全体の利益になる。「東京都の人口は1000万人だよ。葛西の漁師は4000人。多数決なら絶対に埋め立てだよ！」という発言に子どもたちは「そうかもしれない」という雰囲気になる。しかし，ある子が「じゃあ，たくさんの人のために，4000人の人が犠牲になっていいの？　自分が犠牲になったら耐えられる？」と発言し，教室は沈黙に包まれる。多数の利益と人々の権利。開発と環境。子どもたちは深く悩んでいった。

　心情に訴える発問をする場合の注意点として，**一面的な見方しかできない教材の学習内容だと公平な判断を阻害したり，悪者をつくったりすることになりかねない**。子どもたちが獲得する社会認識をゆがめてしまう恐れもある。だから，**単元の終末で平和的な解決がなされるよう心がけなければならない**。現在，ふるさと東京を考える実行委員会と港湾局は，2020年の東京五輪に向けて海の浄化のために手を取り合っている。過去のいきさつを乗り越え，未来に向かって歩んでいる。子どもたちはそのことを学び，単元を閉じた。　　（粕谷）

参考：菊地利夫『東京湾史』大日本図書（1974）

「僕ならこう考えるよ」
多様な見方・考え方を生み出す発問

　多様な見方・考え方を生み出す発問は，多くの子どもたちの意見を聞くことができるので，全員参加の授業を目指すことができる。しかし，多くの子どもたちが活躍できる機会があるというよさの一方で，一人ひとりの考えが異なってしまうため，学級全体で解決していこうとする追究のエネルギーに欠けてしまうこともある。特に単元の最初「これを調べよう」と学習問題をつくる場合には注意が必要である。具体例をあげると，3年「店ではたらく人」の学習で，お店全体の図を見せて『お店の工夫で気づいたことを発表しましょう』と発問する場合がある。すると，子どもたちは競い合って図から読み取れることを探していく。たくさんの意見が出た後で，教師が『では，何について調べていこうか？』と発問して学習問題をつくる。多数決で「買いやすい商品の並べ方はどのようになっているのか？」などと決める。しかし，この学習問題は多数決で決めたとはいえ，全員が調べたいという願いが一致していない。子どもたちの多くは，せっかく細かい点にまで気を配って発表したのに自分の意見を取り上げられないと，がっかりするだろう。だからと言って，全員の意見を含むように「お店の工夫を調べよう」では，何を調べてよいのかわからない学習問題になってしまう。同じような場面は，5年「米づくりのさかんな地域」の学習で鳥瞰図を見る学習でも見られる。学習問題は学級全体の目標だから，全員の意識が集約されたものにするべきだ。

　では，多様な見方・考え方が生まれることが適した場面は，どの場面だろうか。著者は，事実を追究した後で，一人ひとりの考えの差異を発表し合い，仲間の意見を聞いて自分の考えを再構成したり，考え直したりする場面に向いているのではないかと思う。

　4年「水はどこから」の学習。水道水の安定供給には，広大な水源林の維持・管理が欠かせない。東京都の多摩川の水源林の維持管理には「多摩川水

源森林隊」の存在がある。「多摩川水源森林隊」は週3日の活動で，1本あたり1.2トンもの重量がある不要な木を1人で10本も切りだしている。教室で100キロの重さの砂袋を移動してその重さを体感すると，その活動の大変さがよくわかる。しかし，ここで驚くべき事実がある。なんと，維持・管理の一部をボランティアが請け負っているのである。ボランティアなので，当然無給・交通費なし・手弁当である。最多出場の方はこれまで，700回以上参加し，数百万円持ち出して参加している。

そこで，『どうしてそこまでしてボランティアに参加するのかな？』と発問する。これは【新たな視点を示す発問】である。「みんなのため」「笑顔」「役に立ちたい」「都民のため」「だれかがやらないと」という意見の中で，1人の子が「都民のためとかって，正義の味方みたいな意見でしょ。でも，だれもがいい考えは浮かぶけど，行動には移さないし，移せないものだよ。例えば，お母さんに勉強やれとか言われてもやらない。でも，僕は歴史と読書と自転車が好きで，それは大人になっても変わらないと思う。好きなものは続けられる」という意見で子どもたちの視点が変わり，「好きじゃないと続けられない」という意見への賛同者が増えた。議論の後，ボランティアの方6人のインタビューを読む。水をきれいにしたいという人もいれば，山歩きが好き，退職してもすることがない，体力維持のためなど理由は人それぞれである。子どもたちは「好きでやっている人が多くてびっくり」と感想を述べる。

だからこそ，『好きでやっていると，ボランティアの意味がないかな？』と【深める発問】をする。すると，子どもたちは「いや，どんな理由でもありがたい」「無理やりやらされていないのでよい」「そういう時間の使い方もある」など。ボランティアの意味やそのよさに気づいていった。

このように，多様な見方・考え方を生み出す発問は，学習が進んで，一人ひとりが考えをもてるようになった場面において，仲間の意見を聞いて自分の考えを再構成する場面に適している。

（粕谷）

「私はこっちの立場なんだけど…」 価値の対立を引き起こす発問

　価値の対立を引き起こす発問をすると，授業が盛り上がる。教師は２つの選択肢を設定して子どもにどちらかを選ばせれば授業は成立するので，簡単にできる。子どもも，自分の選んだ選択肢の優位性を示そうと必死に議論するので，とても盛り上がる。しかし，注意も必要だ。議論に熱中するあまり，議論の本質を見失って，相手を言い負かすことに熱心になる子どももいる。それでは，この時間の学習内容を獲得できない。「活動あって，学びなし」の授業になってしまう。

　価値の対立を促す発問をする場合は，社会科で育てたい子ども像を明確にもって授業をする必要がある。それには，①本時で何を学んでほしいかを教師が明確に認識すること，②価値の対立を生んでも，クラス全員で問題の解決にあたるということ，の２つのイメージを念頭に置かなければならない。意見が異なっても，その意見を積み重ねてゴールにたどり着くイメージを，教師も子どももっている必要がある。

　４年「ごみの処理と利用」の学習の場面で，「どうやってごみを削減したらいいか」を全員で考えている。そこで，全国平均約20％のリサイクル率の中77％を誇る徳島県上勝町の事例を学習する。77％の陰には51種類もの分別があり，住民には３R意識が浸透していることを突き止める。子どもは上勝町の事例に学ぶという意見もあるが「東京では無理だ」という意見も多い。そこで，廃棄物の有料化を提示する。広く行われているごみ削減の手法で，自治体指定のごみ袋でないと処理しない規則を決め，あらかじめごみ袋に課金しておくため，住民は指定ごみ袋を購入する際に処理費用を支払うしくみだ。ごみ袋が高価になるため，住民はごみを減らそうとする。そのしくみを提案すると，子どもたちの意見は２つに分かれて対立する。『51分別と廃棄物の有料化はどちらがいいと思いますか？』と価値の対立を生む発問をする。

「有料化なら，お金を無駄にしたくないから必ず減ると思う」「協力するというより，減らすことをやらないといけなくなる」「でも，お金を払いたくないから，ポイ捨てが増えるんじゃないかな」「シンガポールでは，ポイ捨てにも罰金をかけている。そういう風にすればいいよ」「なんだか息苦しいな。なんでも規則じゃいけないんじゃないかな？」「そうだよ。上勝町のように良心でやらないと変わったことにならないんじゃないか？」「理想はわかるけど，東京はいろいろな人がいるから協力できないよ」「そんなことはない。51分別が無理でも分別数を増やせると思う」。

そこで，次の表（総務省調べをもとに作成）を示す。

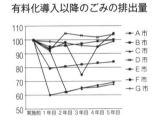
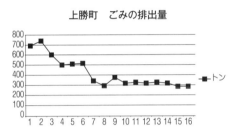

これを見ると，子どもは「有料化の場合は，結局もとに戻ってきているじゃないか」「上勝町の場合は少しずつだけど減っているね」と驚く。そこで，『どうしてこのような違いになったのかな？』と発問する。【深める発問】である。「有料化は，最初はお金を払いたくなくていっぺんに減るけど，だんだん慣れてくるのかな？」「上勝町の場合は協力しているから，少しずつ減っているんじゃないかな？」上勝町は「ゼロ・ウェイスト宣言」という，無駄なごみを出す生活をしない宣言をし，生活そのものを見直していることを学習していく。有料化の即効性はあることと，ゼロ・ウェイストは人の生活スタイルを変化させることがわかり，それぞれによさがあることがわかった。

このように，価値の対立を引き起こす発問は，**①何を学ばせたいか，②意見は異なっても，クラス全体で解決に挑むことを心がけていくことが肝要**になる。考えの異なる他者を受け入れることも学習の1つだと考える。　（粕谷）

■ 第1章のまとめ＆第2章の読み方 ■

　まえがきで述べた通り，学習問題を成立させることは決して容易ではない。学習問題をきちんと成立させるためには，本章で述べてきた①～⑤の教材づくりや発問の工夫が必要である。

> 　**教材**は，子どもたち一人ひとりに問いをもたせるものである。子どもたちの固定観念をゆさぶり，社会に対する目を開かせるものでなければならない。
> 　**発問**は，子どもたち一人ひとりの問いを鮮明にさせるものである。子どもたち自らの力で，教材に立ち向かっていけるようにしなければならない。

　次章からは，①～⑤までの教材づくり＆発問の工夫を柱に，3年から6年までの全単元を網羅した60の実践モデルを紹介する。いずれも，これまでの一般的な学習問題（Before）から，教材づくり＆発問の工夫といった手立てをもとに，子どもたち一人ひとりの追究力を高める学習問題（After）を成立させることのできる実践モデルである。

　教材づくりや発問の工夫によって，学習問題が変わり，授業が変わる。そして，子どもも変わる。これらの実践モデルを参考に，先生方の教室の目の前の子どもたちに合わせて，追試したり，アレンジしたりしていただきたい。

　ただ，このような実践モデルを「ネタ」と呼び，万能的なものとして存在するという考え方がある。しかし，「ネタ」というものは，教師自身が体験したり把握したりすることを通して，「これは何としても子どもたちとともに追究していきたい」という強い願いをもったものしか，その効力を発揮することはできないということを，著者はこれまでの拙い経験から実感している。

　子どもたちの追究力を高めるためには，まず，教師自身が，「社会」に対して問いかける存在でありたい。

（由井薗）

第2章

Before & Afterでよくわかる！
子どもの追究力を高める教材＆発問モデル

3年 …………………………………… 32

4年 …………………………………… 48

5年 …………………………………… 68

6年 …………………………………… 104

3年／学校のまわり

①経験をくつがえす

学校のまわりの「高い土地」「低い土地」を丁寧に比べ，土地の高低による利用の違いを考える

　3年生の子どもたちにとって最初の単元「学校のまわり」の学習である。実は子どもたちは1・2年の生活科でも町を歩いていて，有名なものや変わったものを調べ，紹介し合っていることが多い。だから，「学校のまわりはどのような町？」と質問すると，「郵便局がある町だよ」「駅がある町だよ」というように，個別の建物や施設がどんどん出てくる。しかし，社会科の学習では，土地利用の特色をつかんでいく必要がある。生活科では珍しいものや場所という「点」の学習だったものを，どのような町なのか「面」としてとらえられるよう，認識を深めていくことが大切である。

　社会科最初の単元では，特徴ある地形や土地利用の様子を観察し，地図にまとめることで，自分たちの町がどのような町なのかを明らかにしていく。地形の特色と土地利用の関係は，高低などの地理的要因や駅や大きな工場があるかなどの社会的な要因など様々であるが，どうしてそのような特色が生まれるか考えて学習していくと，その後の市や県の学習にも生かされていく。

◆Before◆
　学校の北コースと南コースを探検するとどんな違いがあったのかまとめよう

「おかしいよ！」これまでの経験をくつがえす発問

◆After◆
　どうして，高い土地と低い土地では同じ町なのにこんなに違うの

　筆者の学区は，南北では町の様子が異なり，南の高台を通る春日通りにはお店や学校が多くて，北の低地を通る千川通りには工場が多い。どうしてこ

のように異なるのか，子どもたちは理由を探っていく。北側の見学で見つけた「猫又橋の橋脚の跡」「千川通り」をもとに，千川通りは川だったのではないかと予想する。確かめるための資料として，国土地理院の旧版地形図を利用する。この地形図は現在の国土地理

院の地形図と位置関係がまったく同じなので把握しやすい。子どもたちは千川通りに川が流れていることを確かめるとともに工場の地図記号があることにも気づく。昔から千川通りは工場の町であったことに驚く。春日通りには広い土地が多く学校や軍の施設がある。

　次に，子どもたちに『春日通りに印刷所で，千川通りに学校ではいけないの？』と切り返しの発問をする。すると，「工場は水をたくさん使うから，川のそばにないといけないんじゃないか」「高いところは日当たりがよいから学校なんじゃないか」と地理的条件による土地利用に気づいていく。教師が，千川通りは洪水に悩まされてきたこと，暗渠になって今も道路の下には水路があることなどを提示し，人々は昔から土地の高低に合わせて利用してきたことを深くとらえることができる。

　ここで身につけた台地と低地による視点は区全体への見方にも使うことができる。子どもたちは，「神田川のあたりも工場が多いよ」と高低の

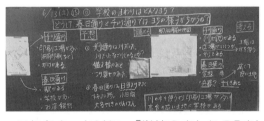

視点で町を観察するようになる。これをきっかけに，「学校のまわりの町以外ではどうなっているのか」と，文京区全体ではどのように土地が使われているのか区全体の学習につながっていく。

(粕谷)

3 年／市の様子

①経験をくつがえす

身近なものを通して
市の様子は場所によって違いがあることをつかむ

　本小単元は，自分たちの住んでいる身近な地域や市（区，町，村）について，特色ある地形，土地利用の様子，主な公共施設などの場所と働き，交通の様子，古くから残る建造物などを観察，調査したり白地図にまとめたりして，地域の様子は場所によって違いがあることを考えさせるようにするのがねらいである。

　まち探検で観察したことをまとめる学習は，自分のまちの知らなかったことを知るという意味では，とても意欲的になる。しかし，まちの意外なところに秘密があり，それがまちの特徴とつながっていることに気づかせる学習ができれば，まちの見方が変わり，違うまちに出かけたり，引っ越したりしたときに，いろいろな見方ができる子どもになるのではないだろうか。

◆Before◆
　わたしたちの市には，どのような場所があり，それぞれどのような様子なのだろう

 「おかしいよ！」これまでの経験をくつがえす教材

◆After◆
　同じまちの中にあるのに，信号機の光り方が違うのはどうしてか

　本実践では，「交通の様子」と「土地利用の様子」を結びつけて考える学習を計画した。中心となる教材は，「信号機」である。

　信号機は，まちの中いろいろなところで見かける。赤・黄・青の3色（歩行者用は赤・青の2色）で交通を整理するものである。この信号機の光り方はどこでも同じなのだろうか。実際は，その場所の交通量によって信号機の

光り方は変えられており，一様ではない。交通量が違うということは道路の広さや道路周辺の土地利用と関係がある。今回は，「点滅信号機」に注目した。点滅信号機は，日中は通常の信号機と同じように動いているが，夜間になると点滅になるものである。

　授業は，信号機に対する一般常識を問うところから始める。白黒の信号機の絵を提示し，『色を塗りましょう』と指示する。意外と見ているようで見ていない色の順番を，「左が青かな」「あれは緑色だよね」などと言いながら塗っていく。子どもにとって身近な教材なので，普段発言することが少ない子どもも積極的に手をあげる。赤・青・黄の３色であることを確認した後，『信号機はどのような順番に光るでしょう？』と問う。信号機のルールの原則を確認するのである。普段は歩行者なので意外と悩んでいる子どももいたが，「青→黄→赤→青…」の順番で光っていることを共有したところで，まちの中の信号機の位置を確認する。取り上げたい地域の白地図に主な信号機の場所を書き込み，そのまわりの様子を写真で提示して思い出しておく。ここで，動画を見せる。

　動画は，点滅信号機の周辺の様子から始まる。探検で見ている場所なので，子どもたちも知っている。そこまでは普段と何も変わらないのだが，信号機が映ると，赤色で点滅している。同じ交差点内の別の信号機は黄色で点滅している。「えーっ！？」「壊れているの？」「見たことない！」「どうして？」と子どもたちの目つきが変わり，追究の意欲がわき出てくる。

　ここで，「同じまちの中にあるのに，信号機の光り方が違うのはどうしてか」という学習問題が成立し，探検で見たことや経験をもとに，自分なりの予想を立てる。考えるヒントとして，夜も交通量が多い場所の信号機の動画も提示して比べることで，「何が違うのか」を考えさせたい。３年の１学期で，「関係づけて考える」のは難しいことではあるが，一人で考えるのではなく，集団で話し合い考えを深めることで，解決にたどり着ける。このまちは，昼は交通量が多く夜は少ない「住宅地」という特徴があるので，光り方が違うのである。

（柳）

3年／店ではたらく人

①経験をくつがえす

たくさんのお客を呼ぶ，スーパーマーケットの工夫を考える

　お店ではたらく人の学習では，家庭の買い物調べなどから，スーパーマーケットでよく買い物をすることをつかみ，どうしてスーパーマーケットでたくさん買い物をするのかについて探っていく。そして，スーパーマーケットの見学を通して，商品の陳列や生鮮食料売り場の工夫，障害をもつ人への対応など，様々な工夫がなされていることを知る。そして，そのどれもが「お客のため」にしている工夫だとまとめをしていく。しかし，「お客のため」とまとめても，子どもたちが実感を伴い，「そうだな」と共感したりしなければ学習が深まったとは言えない。

　そこで，身近なスーパーマーケットの学習を行うとともに，宮城県のスーパー「さいち」を取り上げる。

　さいちは，佐藤さん夫妻が営む個人経営のスーパーだが，同業者の多くが研修に訪れるほどの人気店である。その理由は，おはぎとお惣菜にある。無添加で多くのお客を引き付けている。おはぎとお惣菜を作る調理室には一つのモニターがある。そのモニターは一見万引き防止に見えるが，意図はまったく別にある。その意外さに子どもたちは驚くとともに，「お客のため」のお店の工夫とは何か深く考えていく。

◆Before◆
スーパーマーケットには，どのような工夫があるでしょうか。

▼「おかしいよ！」これまでの経験をくつがえす教材

◆After◆
調理室にあるモニターは何のためにあるの？

調理室にあるモニターの写真を子どもに見せて，何のためにあるのかを問うと，「万引き防止じゃないかな」「売れ行きを見ている」「困っているお客さんを助けるためじゃないかな」などと予想を述べる。「きっとさいちのお惣菜は人気があるから，商品がなくなったら，すぐに出せるようにしているんじゃないかな」という意見に多くの子どもが納得する。

　前回までの学習で，さいちには行列ができ，無添加のお惣菜やおはぎが人気であることを知っているので，それを生かしての予想である。そこで，佐藤さん夫妻へのインタビューをまとめた資料を読む。そこには，以下のように書かれている。

　調理室にいると調理に集中してしまって，お客様の様子を見ることができません。そこで，モニターで売り場を見ることができるようにしています。商品が足りなくなったらすぐに出せるようにしています。それから，商品を並べるのは調理員が交代で行っています。自分の作ったものをどのように買ってもらっているかを知るためです。時々，お客様から「おいしかったよ」と声をかけてもらう調理員もいます。すごくうれしそうに帰ってきて，もっとうまく作ろうと励みになっています。そういうことを何十年と繰り返しておいしくしていきました。さいちのお惣菜はお客様に育てられましたね。

　子どもは，モニターに込められたさいちの工夫と願いに驚かされる。「お客のため」とは何か。どの子も深く考えさせられていた。

(粕谷)

3年／農家の仕事

④多様な見方・考え方

六次産業化に取り組む人々の姿から
地域の一員としての自覚をもつ

　本小単元では、農作物の生産が自分たちの生活の支えとなっていること、その仕事の特色、生産している地域と他地域とのつながりを理解することや、農家の仕事と自分たちの生活のかかわりについて考えることを目標としている。

　しかし、おいしい農産物をつくるための工夫については見学等を通してしっかりと学習するものの、農業と自分の生活のつながりについてまで考えているかというと、十分に行えていないのが現状ではないか。だからこそ、農業生産を自分にもかかわりのあるものととらえ、地域の一員として自覚がもてるような教材がほしい。

◆Before◆
農家の人たちはおいしい野菜をつくるためにどのような仕事をしているのだろうか

▼「僕ならこう考えるよ」多様な見方・考え方を生み出す教材

◆After◆
なぜ花農家が花を混ぜたアイスをつくっているのだろうか

　本実践では、南房総特産の花を教材として取り扱った。近所の畑でもよく見かけるものなので、子どもたちの中で花は南房総を代表する生産物であると認識されていた。花の出荷量も全国有数であるというデータからも、南房総は花の町との思いを強くもった。

　しかし、千葉県では2000年～2010年の10年で約1000軒も花農家が減っている現状に直面。さらに、花農家の方にインタビューしたところ、「花づくりだけでは生活できなくなってきている」という事実にたどり着いた。

花農家の方に授業に参加していただいた。その際、「これみんなで食べてみて」と紹介されたのが、アイスクリーム。パッケージには「お花のアイス」と書いてある。不思議そうに観察しながら食べる子どもたち。「おいしい」と満足していた子どもたちに、アイスを紹介してもらった花農家の方からのメッセージを紹介する。

　「私たちがつくったアイスはおいしかったですか？」
　驚いた子どもたちはAfterの学習問題を立てた。
　このアイスは単に切り花を生産するだけでなく、「食べられる花（食用花）」として、付加価値をつけて売り出しているものだった。食べられるようにするために天然素材による農薬、土づくりなどを工夫しているだけでなく、収穫した食用花を加工し、さらには、インターネットなどを活用して販売しているという事実にたどり着く。このように生産・販売・加工を一体化したのが、六次産業である。農産物の直売所などがその代表的な例で、日本各地でその土地の地形・気候を生かした取り組みが多数なされている。ぜひ、このような取り組みを見つけて教材化していただきたい。さらに、食用花を生産・加工・販売するだけでなく、民宿と連携し、食用花料理の普及に取り組み、観光資源としても活用していることを学習した。
　単に農家の生産だけでなく、農家の収益、後継者問題、販売方法の工夫、観光、地域振興へと視点を広げることができた。子どもたちは「地域の花づくりを元気にするためにがんばっている人たち」の姿を見いだした。授業後には「花づくりで地域全体を元気にしてほしいと思った」「自分のことだけでなく地域みんなのことを考えてすごいと思った。私もできることをやってみたい」などの感想が見られた。このような教材を通じて農業生産を自分にもかかわりのあるものととらえ、地域の一員として自覚をもてるようになった。

（石井）

参考：農林水産省「農業センサス累年統計農業経営組織別農家数」(2010)

3年／工場の仕事(1)

④多様な見方・考え方

働く人同士のつながりを考えることで思いが見えてくる

　本単元では，地域の生産に関する仕事について調べることを通して，それらの仕事が自分たちの生活を支えていることを理解することをねらっている。ここで扱う教材は，子どもたちにとって身近な製品にする。それは働く人の様子を観察したり，インタビューしたりする中で，ものづくりの工夫や努力を知り，自分とものとのかかわりを見つめ直すことが期待できるからである。本教材では，働く人の姿や思いを追究することができるようにした。

◆Before◆
工場で働く人たちは，どのような工夫をして，仕事をしているのだろう

「僕ならこう考えるよ」多様な見方・考え方を生み出す教材

◆After◆
本づくりに携わる人たちに，チームワークはあるのか

　印刷・製本業は，東京都の主要産業である。本は，わたしたちの生活に欠かすことのできない学びのツールであり，それは子どもたちにとっても同じである。書籍の奥付には，その制作に携わった人や，会社の情報が含まれている。子どもたちは，奥付にある情報をもとに，発行所や印刷所，製本所について調べていくことになる。製本所について調べていくと，この奥付からは読み取ることができない事実を知ることになる。それは，印刷所と製本所の間にもう1つ，工場がかかわっていることである。
　それは，折り本工場だ。一般的に，印刷所では大きな紙にまったく同じページを4冊分刷って出荷する。そのままでは製本作業に入ることができないので，断裁から正しいページの順番になるように折るところまでの工程を，

折り本工場で行う。子どもたちには折り本工場の仕事も見学させた。1日中何十キロもある紙の束を断裁機に乗せて切る作業を行っている。折り終わった紙の束を持たせてもらうと，その重さにびっくりした。

　そのような経験をした子どもたちに，学習のまとめとして，発行所で編集を担当している方のインタビュー記事を提示する。その中に「私たちにとって，本づくりに携わっている方たちは，チームの仲間です。この仕事をしていると，チームワークの大切さを感じます」というお話が入っている。すると「折り本工場のことが奥付に載っていないのは，おかしいと思う」「確かに。重たい紙を何度も運んで，がんばって仕事をしていたのに」「それってチームワークって言えるのかな？」という発言が出てくる。

　そこで，『本づくりに携わる人たちに，チームワークはないの？』と発問した。これまで本づくりに携わる仕事を個別に見てきたわけであるから，協力し合って働いていることをつかむためには考えさせたい問題であった。

　『それぞれの工程で働く人たちに共通することは何だろう？』と問いかけると，子どもたちは，これまでの資料を探し始める。隣の子とノートを並べたり，教室掲示を見に行ったりする子が出てくる。ここで手がかりになるのは発行所，印刷所，折り本工場，製本所の人たちの仕事に対する思いである。それぞれの場所で働く人たちとかかわったときの話からはもちろん，資料として配布したインタビュー記事からも「本を手に取る人のことを思ってつくる」という共通する思いを読み取ることができるようになっている。実際に働く姿を見てきた子どもたちにはそれが言葉だけでなく姿として焼きついている。それでも，正義感の強い子にとっては，折り本工場が奥付に載らないことがどうしても許せない。

　こうした引っかかりも，様々なものの在り方を問い直すきっかけにつながる価値を秘めている。

（宮田）

3年／工場の仕事(2)

②数量に対する驚き

工場見学を通して，伝統を守ることの重みを考える

　工場見学は，子どもたちの楽しみにしている学習である。意欲的に事前に質問を考えたり，見学の最中は進んでメモしたりする姿が見られる。しかし一方で，見学の視点が定まっていないこともよくある。何を見てきたのかわからなかったり，せっかくたくさんメモしたり，写真を撮ったりして来ても，学習を深めるために役立てることができない。また，見学した後の授業では，見たことをまとめるだけの作業になりがちで，見学したことの意味づけや価値づけが難しい。

　そこで，事前にしっかり計画を立てて，何のために社会科見学をするのか目的を明らかにするとともに，事後の話し合いを工夫させる必要がある。特に「どんな工夫をしていましたか？」と問うのは広すぎる。子どもたちの意識は工場で見た機械のすごさや作業の丁寧さという目に見えるものに行ってしまう。そこで，「伝統を守る工夫」と発問をする。見てくるものがぐっと焦点化される。さらに，目に見えるものを発表するだけでは明らかにできない。よく考え，一人ひとりの考えの相違が出てくれば，話し合いが活発になり，工場の取り組みへの理解も深まる。

> ◆Before◆
> 工場では，どのように製品をつくっているのでしょうか
> 　　どのような工夫をしているのでしょうか

「えっ，そんなに？」数量に対する驚きを呼び起こす発問

> ◆After◆
> カステラ工場100年の伝統を守るために，どのような工夫をしていますか

文明堂東京の工場見学をした。

　文明堂東京は100年以上の歴史を有する。現在でも職人が一枚一枚焼いている商品がある一方で，伝統的な手焼きの製法を取り入れた窯焼き機械によって，創業以来の味を広く消費者に供給することに成功している。

　見学した子どもたちは，巨大な窯焼き機械や職人の技術にも驚くが，予想外だったことは，工場に入るまでが大変だったことである。専用の白衣に着替え，手の消毒が3回。粘着マットで足の汚れを取り除き，エアシャワーを浴びる。そして，粘着テープ（コロコロ）を2回白衣にかけ，ようやく工場の中に入ることができる。

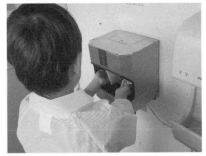

　子どもたちは「ここまでやるのか」と驚かされて帰ってくる。

　教室に帰り，学習を振り返る。工場長さんの「文明堂は伝統を大切にしている」という言葉から，伝統を守るとは何

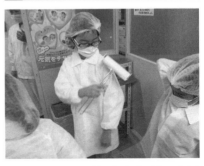

か話し合う。「おいしさを保つ」「昔ながらの手焼きにこだわる」などの意見が出る中，「安全な商品をつくるのも伝統を守ることじゃないかな？」と発言する子どもが出てくる。すると，工場に入る前の作業は，その一つだと気づいていく。「1回でも安全でない商品をつくったら，信用が失われるね」「じゃあ，何年も毎日この作業をしているのか」などと，毎日衛生面に気を使っていることがわかる。伝統を守るというのは簡単ではない。毎日の積み重ねであることを，子どもは実感を伴って理解することができる。　　（粕谷）

3年／工場の仕事(3)

②数量に対する驚き

工場の1日の生産量から
その生産方法と買い手を考える

　本単元は，地域の生産に関する仕事を取り上げ，この営みが自分たちの生活や地域を支えていることなどを具体的に調べる学習である。

　実際の指導にあたっては，見学などを取り入れて具体的に調べるようにすることが大切であり，当然，地域教材を扱うことになる。地域でたくましく生産活動を行っている人を取材すれば，必ず「これはすごい」と授業者が驚かされる事柄がある。この授業者の驚きを子どもたちにも感じてもらえるように，より具体的な形で子どもたちに示して，学習活動に展開させていきたい。

　本実践では，地域の特産物の一つである「びわ」を加工して「びわ饅頭」や「びわの葉大福」という和菓子を生産している製菓店を取り上げた。人口6000人に満たない町で，これらの和菓子を1日2000個生産しているという事実に驚きを感じ，Afterのような学習問題を設定した。

◆Before◆
　○○工場では，□□をおいしくつくるために，どのような仕事をしているのだろうか

 「えっ，そんなに？」数量に対する驚きを呼び起こす発問

◆After◆
　町にあるおかし工場は，1日に2000個の和菓子をつくっているという。
　①どのようにつくっているのだろう
　②だれが多くの和菓子を買っていくのだろう

　次ページの感想にあるように生産量への驚きから，学習問題①を設定し，

そのつくり方を予想し，実際にその製菓店を見学，調査することで，子どもたちは具体的にその様子について理解することができる。その中で，生産の仕事に従事する人の工夫や努力を実感することができる。ここまでの学習活動については，一般に多く行われる。

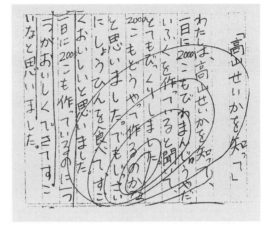

さらに学習問題①に加えて，もう一つの学習問題②「だれが買っていくのか」を考えさせていくことで，学びを深めることができる。買い手に注目させることで，子どもたちの住む地域の特色が見えてくるからである。

この町は，波が穏やかな海が魅力の岩井海水浴場や自然が豊かでハイキングなどに人気の富山（とみさん）という山があり，都会から訪れる人が多い観光地である。こういった「観光に訪れる人々がおみやげとして買って帰ることをねらって生産活動を行っている」ということに子どもたちが気づけば，自分たちの住む地域の理解にもつながってくる。

実際に「月別の材料の仕入れの量」をグラフにすると訪れる観光客数と相関関係があることがわかる。実際，町には多くの民宿があり，地引網体験やみかん狩りができるなど，町全体が観光業に力を入れていることがこの地域の特色である。

このように，その製品の買い手に注目させることで，多くの数量を生産している理由に気づくことができる。そして，自分たちの住む地域がどんな地域なのかを改めてとらえさせ，そういった地域の特色を生かして人々が生産活動を行っているという深い理解につなげていくことができる。

（渡邊）

3年／昔の道具とくらし

⑤価値の対立

道具の移り変わりを体験的に学び，歴史的なものの見方のおもしろさを味わう

　3年ではじめて歴史的なものの見方を獲得する単元である。授業では，郷土資料館などを活用しながら，調理や洗濯，光源などを「現在」「お父さん・お母さんが子どもだった時代」「おじいさん・おばあさんが子どもだった時代」に分けてまとめていく。道具が時代とともに変化してきたことを，目で見てつかむことができるが，これだけでは物足りない。

　子どもたちには，時代とともに道具が便利に進化してきたことを伝えなくてはならない。そこで，「時間」を基準にして便利さをつかませる。「かまどで火を起こすには，どれくらいの時間がかかるのか」「電子ヒーターなら，ボタン1つで熱が発生する」など時間を比べさせるのである。おじいさんやおばあさん，郷土資料館の方にインタビューすると，その当時のことがよくわかる。時代とともに時間がかからなくなってきたことから，便利になっていることが実感できるであろう。

　多様な仕事をしたり，余暇を生んだりするためには，道具の進化が欠かせないことをつかませ，人々が努力して道具を進化させてきたことを学ばせたい。ただ，昔の道具にもすばらしい工夫があることもつかませたい。

　それを体験するには，洗濯板が有効である。

◆Before◆
道具はくらしの中でどのように使われてきたのだろう

「私はこっちの立場なんだけど…」価値の対立を引き起こす教材

◆After◆
洗濯板と洗濯機，どっちがすぐれている？

洗濯道具をまとめていくと，現在は，全自動洗濯機で乾燥機付きの家庭が多いだろう。お父さんやお母さんの子どものころは，２層式洗濯機が主流だった。おじいさんやおばあさんの子どものころには，洗濯板を使った人もいるのではないか。そこで，どれくらいの時間がかかるのか，使い方はどうかなどをまとめていく。すると，洗濯板は言うに及ばず，２層式の洗濯機でも脱水などに時間がかかり，冷たい水にも触らなくてはならないことがわかる。いかに現在の洗濯機が便利であるかわかる。
　そこで，次のように発問する。
　『全自動洗濯機と洗濯板のどちらがすぐれていると思いますか？』
　子どもたちはすぐに，全自動洗濯機と答える。理由は先ほど比べたばかりなので，どんどん出てくる。
　十分意見を出させた後で，洗濯板を子どもたちの前に提示する。子どもたちは必ず洗ってみたいと言う。そこで，次回洗うので，汚れた靴下を持ってくるように言うとともに，どうやって使うのか調べてくるように伝える。
　次の時間は，実際に洗濯板と桶で靴下を洗う。洗濯板には溝があり，洗う方向もある。水が溜まりやすくなる方向があるのだ。子どもは使い方を調べてきているので，尋ねると生き生きと発表する。靴下は，足先の部分ほどに汚れるので，部分的にこすることのできる洗濯板のよさを発揮しやすい。子どもはきれいにしようとこすり，干して終わる。
　再度，洗濯機と洗濯板のどちらがすぐれているか尋ねる。すると，「洗濯機より汚れが落ちる」「汚れている部分を集中的に洗える」「洗濯機の方が簡単だけど，洗濯板は布の状態を見て洗えるから，いいと思う」などの意見が出てきて，どちらがすぐれているか言えないという。おじいさん・おばあさんが子どものころの昔の道具にも，現在の道具にも負けないよさがあり，工夫が詰まっていることを実感できる。
　加えて，現在でもホームセンターや100円ショップで洗濯板が購入できること，根強く使われていることを伝えると，子どもたちの驚きは増し，効果的である。

（粕谷）

4年／火事からくらしを守る

①経験をくつがえす

消防士ではない人の活躍が見えてくるドキドキが調べ学習の意欲を生み出す

　本小単元は，火災から地域の人々の安全を守るために，関係諸機関が連携を取り合いながら対策をとっていることを，消防署や地域の人々の取り組みを調べることを通して考えていく。ここでは，消防署などの公共機関だけでなく，地域の消防団や町内会の取り組みについて知り，地域社会の一人としてできることを考えていくことが大切である。近年，地域団体の規模は縮小傾向にあり，活動の様子を目にする機会が減っている。ここでは，自分たちの両親のような方々などが，地域の人々の安全を守るために活動する姿を垣間見ることができるような教材を提示していきたい。

◆Before◆
わたしたちのまちは，火事からどのように守られているのだろう

「おかしいよ！」これまでの経験をくつがえす教材

◆After◆
火事が起きたときのために，だれが，何をしているのだろう

　どの教科書にも，火災現場で消火作業にあたる消防署員の姿を表す写真や絵画資料が掲載されている。これらの資料からは，命の危険にさらされながらも懸命に活動し，救助活動にあたらなくてはならないという，消防士の方々の特別な使命を読み取ることができる。そこで，右の消火訓練に取り組む人の写真を提示し，『だれが，何をしているところでしょう？』と問う。

子どもたちは「消防士さんが火を消す訓練をしているところ」などと答える。火災現場の様子を読み取った後なので当然の発言である。しかし，実際は消防団の方々が，消火訓練に取り組んでいる様子の写真である。

　右の写真は，地域の消防団が集まって行われる操法大会で撮影したもの。一般の人でも参観することができる。ここで，写真の中の一人が普段お仕事をしているときの写真を提示する。『この人の職業は何でしょうか？』と問いかけると，「え？」「デザイナー？」不思議な表情をし始める。

　次に『この人は転職したのでしょうか？』と問いかけると，消防団のことを見たり聞いたりしたことのある子が教科書を開き始める。すると，消防団とは，普段は他のお仕事をしていて，空いている時間を使って地域の防災のために活動している人たちで構成されていることがわかる。

　さらに『どんな人たちが消防団に参加しているのかな？』と問う。「運動神経がよくて力が強い人」「鍛えているおじさん」と，消防士の姿とそれほど変わらないイメージが出てくる。消防団員の顔ぶれを紹介する写真資料を見せると，自分たちの父親や母親から，高校生くらいの若い女の人までがかかわっていることがわかり，イメージがくつがえされる。「消防士さんじゃない人も消火にかかわっているなんて知らなかった」「怖くないのかな」「そういえば，家の近くに"消防団"って書いてある建物があった気がする」子どもたちは，消防士ではない人が活躍する姿の想像を思いっきり膨らませながら，調べる意欲を高めていく。

　『これからどんなことを調べていこうか？』と問うと，「消防団は，火事が起きたときのために何をしているか調べたい！」「まずは消防士さんのこと！」「火事が起きていないときに，何をしているかも知りたい！」そのような声が至るところからあがり，「火事が起きたときのために，だれが，何をしているのか」という学習問題が生まれた。

（宮田）

4年／事件・事故からくらしを守る

②数量に対する驚き

交通事故発生件数から
地域の人々の安全を守る取り組みに関心を抱く

　本小単元は，事件や事故から地域の人々の安全を守るために，関係諸機関が連携を取り合いながら対応していることを，警察署や地域の人々の取り組みを調べることを通して考えていく。警察署が扱う事象は多岐にわたっている。子どもたちが学習の目的を認識できるよう，扱う事象を明確にしていきたい。その際，地域の安全を守る取り組みが身近なところで感じられたり，成果が実際にデータとして表れたりしている事象を扱うようにしたい。

> ◆Before◆
> わたしたちのくらしは，事件や事故からどのように守られているのだろう

 「えっ，そんなに？」数量に対する驚きを呼び起こす教材

> ◆After◆
> 東京都の交通事故が減ったのはどうしてだろう

　教室に，パトカーの音が鳴り響く。ざわざわする子どもたちに，交通事故の様子の写真を見せる。「この前，おばあちゃんのお家に行く途中で，ぶつかっている車を見た」「ぼくは，家の近くで大きな音がしたなぁと思って，見てみたら交通事故だった」自然と子どもたちの発言が続いていく。

　黒板に文京区の地図を貼り，『みんなの学校の前に春日通りがありますね。後楽園駅から竹早交番までの間で，去年交通事故を見た人はいますか？』と，指で範囲を確認しながら問いかけると，何人かの手があがった。『では，去年，この範囲で何件の交通事故があったと思いますか？』「車の通りがすごく多いから100件くらいはあるんじゃない？」「100件だと3日に1件くらいだからちょうどいいかも」。正解は25件。「思ったより少ない！」「やっぱり

短い距離だからそれくらいなんだよ」などの声があがる。

　次に文京区の交通事故件数に範囲を広げていく。子どもたちは先ほどの範囲と件数をもとに予想する。正解は512件。実際の数を聞くと，予想をしているときとは違った緊張感が走る。冒頭で出した交通事故の写真に目をやる子もいる。さらに東京都の交通事故発生件数へと範囲は広がる。ほとんどの子が地図帳を開き始めている。東京都の市区町村の数を数えて計算するだけでなく，土地の様子から交通事故が多そうな地域と少なそうな地域を分けて考えようとする姿も見えてくる。ここまでくると，藪から棒に数を言い出す子はいなくなる。正解は１の位の方からゆっくりと開けていく。34274件という数字にほとんどの子が驚く。大きな数は実感がわきにくいので,『１日あたりでいうと何件になるかな？』と言いながらある子に電卓を渡す。さらに,『１時間あたりだと？』と細かく刻んでいく。１日あたり約94件，１時間あたり約４件という数字は実際に交通事故現場を見る機会などほとんどない子どもたちからすると，結構な衝撃であった。「もう学校に来て６時間くらいたってるから，24件も起きてるかもしれないってこと⁉」と教室はざわつく。

　交通事故件数の多さを一人ひとりが実感し始めたところで，東京都の交通事故発生件数の推移のグラフを黒板に貼り出す。2015年度以外はデータが入っていない。横軸は子どもたちが生まれた2006年から始まっている。『みんなが生まれた2006年は，2015年と比べて多いでしょうか，それとも少ないでしょうか？』と発問する。「昔よりも大きいマンションが増えてて人が増えてるはずだから，昔よりも多くなってると思う」「交通事故のニュースって，毎日流れてて，それがずっとだからあまり変わらないんじゃないかと思う」「これだけ交通事故があれば，警察とかも何か対策をとるはずだから少しは減ってると思う」。全体的には変わらない，もしくは少しは減ったという意見に偏った。正解のデータを黒板のグラフに貼り出す。74287件という実際のデータに驚きの声があがる。再び１日あたり，１時間あたりと細かく刻んでいく。この驚きから「東京都の交通事故が減ったのはどうしてだろう」という学習問題が成立した。　出典：「警視庁の統計」(2015年)　　　　　　　　（宮田）

4年／水はどこから

①経験をくつがえす

ダム建設のために村を立ち退いた人々について考えることを通して水道水を大切に使おうとする態度をはぐくむ

　子どもたちにとって，蛇口をひねれば水が出るという生活は当たり前であり，普段，あまり自然の恵みや人々の協力を意識しないで生活している。したがって，本単元では，水道水が自分たちのもとに届くまでの過程をできる限り具体的に調査していくことが大切である。さらに，本単元では，ダムの建設とそこに至る過程を取り上げることで，子どもたち一人ひとりの水道水に対する考え方や態度の変容を図りたい。

◆Before◆
水をむだにしないために，どのような工夫をしていけばよいだろう

 「おかしいよ！」これまでの経験をくつがえす教材

◆After◆
なぜ小河内村の住人全員が判子を押したのか

　本校の水道水を供給している小河内ダムは1957年，東京都の著しい人口増加に伴う飲料水を支えるために約20年の歳月をかけて完成した「都民の水瓶」であり，ダムをせき止めて造られた小河内貯水池（奥多摩湖）は，現在でも水道専用貯水池としては日本最大級を誇り，渇水時の水瓶として極めて重要な役割を担っている。

　ただ，ダム建設のために移転を余儀なくされた世帯は総数945世帯に及び，その大多数は旧小河内村の村民だった。現在の自分たちが使う水道水は，こうした人々の協力と苦労の上に成り立っている。

　本時では「自分が小河内村の住人だったら，ダム建設に賛成できるか？」という「名札マグネット」を使った話し合いから始まった。

「6000人の小河内村が当時600万人の東京都を支えることができるから、賛成と思う」「今の自分たちの生活も支えているから賛成」このような意見に対して「友達や生まれ育った環境など、お金で買えないものが奪われるから、絶対反対したと思う」「私たちが水をできるだけ少なく使えば足りたかもしれないのに…」「小河内村が東京都のモノみたいになっている。だから反対！」という意見も出てきた。そこで、『おごうち　奥多摩町立小河内小学校創立百周年記念誌』に掲載された当時の小学生の作文を提示した。

> 私の村　河村スミエ（3年生）
> 　私の村はいよいよ貯水池になりますが、もうしかたがありません。私はこの間先生に貯水池の絵をこくばんにかいていただいたとき、なみだがでました。このごろはどこの家の柿も赤くなりはじめています。やがてこれも見られなくなり、食べることもできません。小河内村を出るときは、第一に墓場におまいりしていきます。けれども私のうちではどこへいくかまだわからないのです。

　ところが、二項対立の話し合いが進んでいく中で「住人全員がダム建設了承の書類に判子を押した」という事実と出会い、子どもたちが騒然となっていった。書類に判子を押すという具体的な場面が子どもたちの中にイメージできたからである。そして、子どもたち一人ひとりの内面に様々な葛藤が生じ、「なぜ小河内村の住人全員が判子を押したのか」という学習問題が成立した。そして、この学習問題について2時間も話し合った。
　その後、小河内村から移転した、当時小学生だったおばあさんへのインタビューを聞いた子どもたちは「小河内村の人たちのこんな苦労があったことは忘れてはいけない」「だから、やっぱり水を大切にしないと。蛇口の向こう側にこんなすごいことがあったんだから…」など、旧小河内村の人々の悲しみ、痛み、誇りといった複雑な思いを実感した。そして、かけがえのない自分たちの水道水を大切に使おうとする態度をはぐくんでいった。　（由井薗）

4年／ごみの処理と利用

④多様な見方・考え方

「自分が大切に使っていたものがごみになる…」
ごみのゆくえを調べたくなる教材

　本単元は，ごみの収集，焼却，埋めたてなどの事業が，計画的・協力的に進められていることを調べることを通して，地域の人々の生活の維持・向上が図られていることを理解し，自分の生活を見直すことをねらいとしている。

　この学習では，身近な事象から，まず，自分がごみの排出者であることを認識することを大切にしたい。その確かな認識が，自分事としてごみの処理について調べていく力となる。

◆Before◆
わたしたちのくらしから出るごみは，どのように処理されるのだろう

「僕ならこう考えるよ」多様な見方・考え方を生み出す教材

◆After◆
自分たちが使っていた道具は，ごみになった後どうなったのだろう

　まず，1枚の写真を提示した。この写真は，小学校に入学したとき，机の上に並べられているお道具箱の写真だ。新品の道具がきれいに並べられて入っている。お道具箱の中には，可燃ごみ，不燃ごみ，資源と，様々な種類のごみ予備軍がそろっているし，学校生活には欠かすことのできないものが入っている。

　「なつかしい！」「クレヨンの箱めっちゃきれい！」などと言っている子どもたちに，『このお道具箱には何が入っているかな？』と問いかける。激しい挙手の中，色鉛筆，クレヨン，のりなどがあげられていく。中には，下敷

きはPTAからのプレゼントだったことを覚えている子もいる。

次に『では，今のお道具箱と比べてみましょう』と問いかける。勢いよくお道具箱を開けた子どもたちは，「うわぁ！　汚い！」「わたしはきれいだよ！」「○○君の机に昨日のお手紙が入っています！」などと言いながらも，だんだんと「1年生のときにもらったのりはもうないよね」「連絡帳袋もやぶけたから新しいのにしたよ」と，今と入学当時との違いに目を向け始める。

ワークシートには，今のお道具箱に入っているものを書き込むと同時に，入学式のときと同じものには○，違うものには×をつけさせる。一通り書き終わったところで結果を聞くと，「下敷きは○」「ぼくは，下敷きは2年生のときに割れちゃったから×でした」「のりは×で，なぜかと言うと，工作でたくさん使ったから，新しいものにしたから」などと発言した。まわりの子は，自分と照らし合わせながら，うなずいたり，意外そうな表情を浮かべたりしながら聞いている。

そこで，『×になってしまったものはどうしたの？』と問うと，元気な子が「すてた！」と声たかだかに言う。黒板に大きく「すてた」と板書すると，にぎやかな雰囲気が一瞬で静かになる。『じゃあ，この×がついた道具たちはごみになったんだね』とちょっと追い打ちをかける。挑むような目をした子が「下敷きは燃えるごみじゃなくて，ちゃんと燃えないごみに出したから何かにリサイクルされていると思う」と言った。「私ものりの箱はプラスチックだから燃えないごみに出しました」「でも，燃えないごみはリサイクルじゃなくてごみだから，リサイクルはされないと思う」自分たちが使っていた道具がごみとして捨てられた後のゆくえについて，それぞれの考えに違いがあることに気づき始めた。そこで，「自分たちが使っていた道具はごみになった後どうなったのだろう」という学習問題をつくり，追究していくことにした。

(宮田)

4年／郷土の発展に尽くす(1)

②数量に対する驚き

昔の作業を体感できる
しかけを通して子どもたちに考えさせる

　本単元は，地域の発展に尽くした先人の具体的な事例を取り上げ，地域の発展に対する先人の願いや工夫・努力，苦心，地域の人々の生活が向上したことなどを具体的に調べる学習である。中学年の子どもたちに，歴史的な事象を想像させ，実感をもってとらえさせる学習は難しい面も多い。

　地域で取り上げる事例は様々であると思うが，私は学区にある岩婦湖と呼ばれる湖を取り上げて，この学習を行った。この湖は，実際には明治時代につくられた農業耕作用の水をためておく堰である。今では，そのまわりに温泉宿が建ち，釣りに立ち寄る人が訪れるなど憩いのスポットとなっている。そんな湖が，昔の人々の手によってつくられたものだということは見た目からは感じられない。自然にできた湖のように見える。この湖をめぐる先人の営みを追究させることは大変興味深いと考え，教材化した。

　その学習過程の中で，昔の人々が協力して土を盛り，堰を築いていく努力をつかませる時間に以下のような学習問題を設定して授業に取り組んだ。

◆Before◆
○○はどのようにして，□□をつくったのでしょう

「えっ，そんなに？」数量に対する驚きを呼び起こす教材

◆After◆
岩婦湖を築くために，土を高くもるとはどんな作業だったのだろう

　地域の方々や資料館に協力いただき，昔の土木工事に使うような木製の地つきやもっこなどを学校に寄付していただいた。それらの道具を使って，当時の作業を疑似体験しようと，子どもたちは「土を盛り，その土をかため，

そしてまた土を盛る」という単調な作業の繰り返しを学校の花壇の間のスペースを使って体験した。子どもたちは休み時間などを使って、より高い土手をつくろうとみんなで力を合わせて活動した。しかし、土をかためる作業を伴うため、一向に土手は高くならない。

もっこで土を運ぶ子ども

地つきで土をかためる

そして、1週間後にやってきた社会科の時間、子どもたちの目の前に、実際に昔の人々が土を盛った高さと同じ約7メートルの茶色の幕を校舎の2階から降ろし、土手の高さを体感させた。「わあ、こんなに高く盛ったのか〜」。子どもたちからは、工事を進めた当時の人々への驚きを口にする声が自然ともれた。

茶色い幕を校舎2階から大きく広げ、当時の土手の高さを想像する

最後に「工事をしたみなさんへ」という題名で、手紙形式で感想を書かせたところ、「土手づくりはこんなに大変だった」「それでも米づくりのために作業を続けたんだ」など、当時の人々の思いに迫る内容を多くの子どもが書いていた。

(渡邊)

4年／郷土の発展に尽くす(2)

①経験をくつがえす

なぜ困難に負けずに取り組んだのだろうか？
人々のために尽くした先人の努力から，市民としての役割を考える

　郷土の発展に尽くした人々の学習では，中学年の子どもたちにとっては，歴史的なものの見方を獲得できる数少ない重要な単元だと言える。そのため，遠い過去の出来事を，いかに子どもたちにとって，身近なものなのかを感じさせることがポイントになる。

　例えば，東京都で広く行われている玉川上水の授業ならば，現在の玉川上水の写真を示すのが方法の１つだろう。玉川上水は桜並木や井の頭公園など，今も憩いの場になっているため，子どもたちになじみが深いからだ。また，江戸の市域の広がりを示すのも効果的だろう。家康の江戸入府以来，江戸の人口は増加の一途をたどる。江戸は当時世界一の大都市であったことはよく知られている。整理してまとめると，玉川上水が必要であったことが明確に伝わる。

　いくつかの手立てがあるが，本実践ではなぜわざわざ江戸市中から40km以上も離れた羽村から水を引いて来るのか，工事の苦労の源になった距離の長さを追究する問題づくりの場面を示したい。

◆Before◆
どうして玉川上水はつくられたのだろう

 「おかしいよ！」これまでの経験をくつがえす発問

◆After◆
江戸市中から40km以上離れた羽村から水を引いたのはなぜだろうか？

　江戸の町の変化について，『楽しく調べる　東京の歴史』（東京都小学校社会科研究会編著，日本標準）56ページを拡大して示し，次のように発問する。

『江戸の町の広がりはどうですか？』
「急激に大きくなっています」
『人口も，1721年には130万人に達し，当時の世界最大の都市でした』
『こうなってくると足りなくなるものがあります』
「食料かな」「土地かな」「何だろうね」「水かな」
『実は水が足りなくなったのです。どうしたらいいと思いますか？』
「川から引いてきたらどうかな」「井戸を掘ったらどうかな」
『なるほど。地図帳を見てみましょう。どこから水を引きますか？』
「多摩川も荒川も近いのでそこから引いたらいいんじゃないかな」
『正解は，江戸市中から40km離れた羽村というところから水を引いてきたのです。地図で確かめてみましょう』
「えっ。なんでこんなに遠くから引くの？ もっと近くに川はあるよ」
「川から引かなくたって，井戸があるじゃないか」

　このようなやりとりを通して，学習問題をつくっていく。
　そして，子どもたちに調べてくるように伝えると，次時までに気になった子が調べてくる。調べてきた子の説明によると，水は低い方からは流れないことや海が近くて塩分が高いため，飲料水として適切ではないからだという。この説明のときも地図を見ながらだとわかりやすい。どうしてわざわざ羽村から水を引く必要があったのかについて追究した後は，引く際の実際の苦労へと学習は移っていく。
　学習を進めていくと，わざわざ遠くから引いてきたおかげで武蔵野台地の開発にもつながっていくなど，玉川上水が江戸の町の発展に尽くしていった役割を少しずつ理解していくことができる。学習が深まったら，実際に見学に行くとさらに実感的に理解できるし，歴史的なものの見方も育つだろう。

(粕谷)

4年／郷土の発展に尽くす(3)

③怒りなどの心情に訴える

大切な思いを受け継ぎ
自分のまちへの誇りや愛情をもった子どもを育てる

　本小単元では，地域の人々の生活の向上に尽くした先人の働きや苦心を考えさせるようにするのがねらいである。開発，教育，文化，産業などの地域の発展に尽くした先人を取り上げ，それらの先人の働きや苦心が地域の生活の向上に大きな影響を及ぼしたことを具体的に調べることが必要である。

　このような歴史的事象を扱う単元では，先人の働きを年表にまとめ，「このようにして地域は発展してきました」という学習になっていないだろうか。3・4年の地域学習では，人の働きに触れ，その思いをもとに共感をしていくことが大事だと考える。歴史的な単元でも，「人の思い」に焦点を当てた学習を進めていきたい。

◆Before◆
　きょう土のはってんにつくした人々は，地いきの人々の願いに対して，どのようなことをしたのだろう

　「ひどい！」怒りなどの心情に訴える発問

◆After◆
　浦安のはってんを願って，力をつくした人々の思いは，どのようなところに生かされているのだろうか

　地域によって，取り上げる人物は違うと思うが，共通していることは，
①その地域には，住民が困っている問題があった
②その人物には，困っている問題を何とかしようという強い意欲があった
③問題を解決するには，様々な困難を乗り越えなければならなかった
④そうした人物の思いがあって，今の自分たちの生活が成り立っている

の4点だと考えられる。学習を通して，特に④のような認識を身につけさせたい。そのためには単元の前半で①②③についてしっかりと学んだうえで，単元の後半で④を考えさせたい。それには今の生活と結びつけるような発問をして前半で習得した認識を深めるような授業構成が必要であると考える。

千葉県浦安市は今でこそテーマパークがあるまちとして有名だが，もともとは漁師町だった。浦安市も含めた千葉県はのりの生産量が全国でも有数の場所だったが，高度経済成長を背景に水質汚染が深刻になり，漁師は漁業権を放棄せざるを得なくなった（①）。そのような状況下で，漁師たちの怒り，悲しみ，そして埋め立て後のまちへの希望…このような心情を受けて東洋一の遊園地をつくろうと考えたのが前浦安市長の熊川好生氏である。熊川氏は漁師たちの思いを実現するために奔走した（②）。最初にでき上がった計画ではゴルフ場やプールが中心の施設でとても東洋一の遊園地とは言えなかったという。そこでテーマパークを誘致するために人々を説得した（③）。

このような経過を学んだ後で『漁師の思いは前の市長によって今の浦安のまちにどのように生かされているのだろう？』と発問し，自分たちの生活を振り返る。テーマパークの誘致があって人が多く住んでいる，店が多く便利，様々なサービスが充実して住みやすい…こうした生活ができているのはどうしてなのかを考える時間をとる。「漁師は漁業権を放棄するというつらい決断をしたが，生活がよくなった」「今の生活はそのような努力の上に成り立っている」など，今の自分たちの生活は様々な心情をもとに努力した先人たちの思いによるものなのだということを実感していく。さらに『わたしたちはどのように生活していけばよいのだろう？』と発問し，これからの自分の生活の在り方を考えさせる。

現在はかつての漁師町と違って地域とのつながりが希薄になり，コミュニティに積極的に参加していかない人たちもいる。このような「思い」で一貫した学習に取り組むことで，先人からの思いのつながりを汲み取り，次世代につないでいけるような子どもを育成できるのではないだろうか。　　　（柳）

参考：前田智幸『海と浦安』市川よみうり出版社（2008）

4年／わたしたちの県・特色ある地域とくらし(1)

①経験をくつがえす

これまでの学びでは納得できない事実との出会いから，特色ある地域に住む人々の思いや努力を追究する

　本単元では，県内の自然環境，伝統や文化などの地域の資源を保護・活用している地域やそこに見られる人々の生活を具体的に調べ，その特色をとらえたり，生活の向上やまちとしての発展のために工夫や努力がなされていることを考えたりすることをねらいとしている。例えば，福岡県の太宰府市は，史跡や建造物を保護し続けるとともに，それを活用しながら歴史を生かした観光のまちとしての発展に努めていることがその特色としてあげられる。上記の学習問題は，史跡や文化財を守ってきた工夫や努力を具体的にとらえるようなときに見られがちな問題である。しかし，このような漠然とした問題を形式的につくっても，子どもの追究意欲は高まらない。子どもの認識をくつがえすような事実をもとにして，「解き明かしたい！」と思える問題を生み，より深く社会的事象の意味を追究できるような教材の開発や提示をしたい。

◆Before◆
　太宰府市では，どのようにして史跡や文化財が守られるようになったのだろう

 「おかしいよ！」これまでの経験をくつがえす教材

◆After◆
　なぜ太宰府市の多くの人々は，土地が史跡に指定されることに反対したのだろう。その後，なぜ太宰府市の人々は，国からの史跡の指定を認め，貴重な史跡や文化財を守り続けることができたのだろう

　子どもたちは，単元前半において，太宰府市にある史跡や文化財について調べ，その意味や由来をとらえたり，そのよさを生かして観光のまちとして

発展していることを事実としてとらえたりし，そのような史跡や文化財をずっと大切に守ってきたのだなという認識に至っていた。

そこで教師は，「1966年，国の史跡保護指定地を広げることを住民の多くは反対した」という事実がわかる新聞記事の見出しを提示した。すると子どもたちは「どうして？　保護されるのはうれしいことじゃないの？」と驚きの声をあげた。その驚きをもとに，学習問題「なぜ太宰府市の多くの人々は，土地が史跡に指定されることに反対したのだろう」が設定された。子どもたちは，当時の様子についてインターネットや新聞記事で夢中になって調べた。そして，保護指定をされると道路が通らないこと，造成地として売れず土地を自由に使うことができなくなることなどで，自分たちの生活の向上につながらないのではないかという当時の住民の不安をとらえていった。

さらに，思ったことを話し合う中で「歴史も大切だけど，便利な暮らしも大切だ」という住民の思いに共感するとともに「なぜ太宰府市の人々は国からの史跡の指定を認め，貴重な史跡や文化財を守り続けることができたのだろう」という新たな問題を切実に生み出していった。そして，その後の太宰府市の取り組みを意欲的に調べ，大宰府史跡の発掘調査の指揮をとった藤井功さんが，住民に懸命に史跡の重要性を説いたことや，地元住民も参加しての発掘調査で貴重な発見をしたこと，それによって，反対していた住民も徐々に自分たちの土地に誇りをもち，保護することに協力していったことなどを事実としてとらえていった。このことで，「その経験があったからこそ，太宰府の史跡や文化財の価値を人々が強く感じているんだな。市民主導で守っていく現在の取り組みにつながっているんだな」という認識に至ったのである。

地域社会における人々の工夫や努力は，いつもみんなが迷いなく賛同して行われるとは限らない。ときには様々な葛藤がありながらもその中でよりよい社会，持続可能な社会を目指していくところにその本質がある。そのような事象に対する追究意欲を高める教材として，太宰府市の史跡や文化財の保護にかかわる住民の取り組みや思いを教材化することは価値が高いと考える。

（大村）

4年／わたしたちの県・特色ある地域とくらし(2)

①経験をくつがえす

身近な地域を支える職人の努力や工夫を通して
特色あるまちづくりについて考える

　本単元では，自分たちの住んでいる市（区，町，村）の伝統的な工業を取り上げる。ここでは，埼玉県小川町を中心とした伝統的な工業である「細川紙」を支えてきた，特色ある地域のくらしについて取り上げる。「細川紙」は国の重要無形文化財に指定され，ユネスコ無形文化遺産にも登録されている。

　埼玉県小川町は山に囲まれ，和紙の原料であるコウゾがとれ，水がきれいなことから，和紙づくりが盛んに行われてきた。しかし，和紙づくりの最盛期であった1955年には225軒あった和紙をつくっている家も，2009年には10軒にまで減ってしまった。

　ユネスコ無形文化遺産に登録されるようなものであるのに，和紙づくりを行う人が減っている現実がある。これからどうやって伝統的な工業である「細川紙」を支えていけばよいかという発問がほしい。

◆Before◆
和紙づくりがさかんな小川町はどのような取り組みを行っているのだろう

「おかしいよ！」これまでの経験をくつがえす発問

◆After◆
小川町の人たちは，和紙づくりを守るためにどのような取り組みをしているのだろう

　「和紙」という存在を子どもたちに知ってもらうために，小さく切った和紙を配り，触ったり，書いたり，切ったりして興味をもつようにする。

　子どもたちからは「普段使っている紙と同じようだけれど」「書いてみた

らさわりごこちが違う」「習字で使う半紙みたい」「手で少しちぎってみたら，縦にちぎるとちぎれやすいけど横にちぎるとちぎれにくい」などの発言が出る。

　埼玉県小川町を中心にしてつくられている「和紙」と言われている紙で，その中でも「細川紙」といって職人さんの手作業で1枚1枚つくられている（漉されている）ものであり，きれいな水とコウゾという植物でつくられていることを伝える。そして，ユネスコ世界文化遺産に登録され，世界にも認められているものである。

　しかし，1955年から，和紙をつくる人たちは減り続け，2009年には，10軒までに減ってしまった。

　子どもたちからは「世界にも認められているものなのにどうして和紙をつくる人たちが減ってしまったのだろう？」「もっとみんなで小川町の伝統的な工業の和紙を支えなくてはいけないのではないか」などの声があがる。そこで，学習問題を提示する。

　学習問題を調べていく過程でわかることがある。「若い人の中にも，修行をして職人になった人もいる」「以前コウゾは小川町でつくっていないものを使っていたときもあったが，今では小川町でつくったものを使って，メイドイン小川の和紙をつくっている」「和紙は書くためだけでなく，インテリアとして使われたり，飲み物のラベルに使われたりしている」「"和紙"を盛んにするために，お祭りやマラソン大会を開いている」ということがわかり，和紙という伝統的な工業をもとにしてまちづくりを行っているということを理解していく。

　子どもたちの中で，文化遺産である和紙と，その和紙をつくる職人が少ないということのギャップが生まれた。和紙づくりが少しでも盛んになるように，町全体や，職人さんたちの様々な努力や工夫があった。本質的な発問を行うことで，子どもたちの意欲的な深い学びへとつながる。

(須賀)

参考：さいたま市教育委員会『社会科副読本　わたしたちのさいたま市』関東図書（2013）

4年／わたしたちの県・特色ある地域とくらし(3)

④多様な見方・考え方

東京土産としてふさわしいものは何か？
お土産物に込められた地域の特色や願いから，地域を見つめる目を育てる

　4年で自分の住んでいる県内の特徴ある地域の学習をする。県の地図を見つめて地理的な状況を概観したり，県の観光パンフレットなどを眺めたりして地理的，産業的に特徴のある地域を学んでいく。しかし，学習のきっかけを地図や観光パンフレットにすると，そこに書かれた情報から，これから学ぶ内容の大体を予想できてしまう。

　そこで，地域のお土産（今回はお菓子に限る）をきっかけに，地域の特徴を考えていくことにする。お土産を旅先で買って知人縁者に配った経験は，だれにでもあるだろう。お土産には土地の歴史や由来を含有したものが多い。それは，知人に配り歩いた際，お土産をきっかけに，旅先の出来事や風土を紹介するなど会話を豊かにする効果があるからだろう。「土産話」という言葉があることからも，お土産というのは，その土地の風土を含み，コミュニケーションとしての役割を担ってきたのである。

　「お土産として，何を購入したらよいか？」について考えることは，その土地の風土や歴史などの特徴を考えるきっかけになる。子どもたち一人ひとりが多様な見方や考え方を発揮することもできる。

◆Before◆
私たちの住んでいる県（都道府県）には，どのような特徴的な地域があるだろうか

 「僕ならこう考えるよ」多様な見方・考え方を生み出す発問

◆After◆
東京のお土産として，何を買っていったらよいだろうか

『東京から田舎へのお土産として，何を買っていきますか？』という発問から授業を始めた。子どもたちには，東京駅を見学し，お土産を１つ選んでくるように伝えておく。子どもたちはたくさん売られている東京土産の中から１つ選び抜いた自分の逸品を購入してきた。理由を聞くと，実に多様だ。「僕は〇〇を選びました。おいしそうで，パッケージに東京駅が書かれているからいいと思いました」「おせんべいはどの年代でも人気があると思ったので選びました」「東京駅限定というのがいいと思った」子どもたちは互いのお土産を交換し合って食べながらそれぞれの「土産話」を話し合い，楽しい時間を過ごした。子どもたちが選んだ東京土産の傾向は"東京"の文字が商品名に含まれているものが多く，しかも洋菓子がほとんどだった。

　そこで，視点を変えるために，伝統的な東京土産である「人形焼」を提示する。人形焼は日本橋人形町で生まれた。現在残っている最古の人形焼屋と言われる板倉屋の藤井さんの話では，日本橋に点在する神社の七福神をモチーフにつくられたという。大正時代に入ると人形町で修業をした職人が浅草で商売を始め浅草寺や五重塔，雷門などの名所をモチーフにしてヒットした。太平洋戦争時には戦車や飛行機の人形焼も発売された。このような東京の文化や歴史を有する人形焼の手焼きの由来や製法を知ると，子どもたちの考えに「お土産はおいしいだけではいけないのではないか」という変化が生じる。

　全国で人気のあるお土産について調べると，浜松のうなぎのお菓子や大阪の「岩おこし」，房総の「鯛せんべい」など共通する事柄がある。それは「必ず地域の特徴が隠れている」「歴史に裏づけられている」ことだ。お土産の，旅先の風土を知人に伝えるという役割に気づいていった。そして東京土産に戻って検討する。「どうして地域の風土を含まない，"東京"と冠した土産がヒットするのか」という問題について考えるのである。子どもたちは「最新の技術を使っておいしいものをつくり上げることも現代の東京らしさがあるのではないか」「流行の発信地としての東京らしさがある」「でも人形焼も最新のお土産も東京らしいよ！」など話し合いを通して，多様な見方・考え方を発揮しながら，その地域の特徴について考えを深めていった。　　　（粕谷）

5年／国土の地形の特色(1)

①経験をくつがえす

我が国が直面する生活の問題と結びつけて，国土の地形の特色を理解する

　本小単元の前半では，国土の地形の様子に関心をもち，意欲的に調べ「我が国の国土の4分の3は山地で，南北に背骨のように連なり，平地は少なく，外国に比べて川の流れも急である」という地形の特色をとらえることをねらいとしている。しかし，子どもの中に「問い」のないまま「山地や平地の特色や広がりはどのようになっているのか」という問題を形式的につくったとしても，それを明らかにしたいという思いをもつ子どもはほとんどいない。
　「なぜ？　解き明かしたい！」という思いをもって意欲的に国土の地形の特色を追究できるような事実の提示と発問の工夫をしたい。そして，そのことを通して，単に地形の特色を事実的知識としてとらえるのではなく，社会的事象を関係づける見方・考え方をはぐくみたい。

◆Before◆
山地や平地の特色や広がりはどのようになっているのだろう

「おかしいよ！」これまでの経験をくつがえす発問

◆After◆
日本は降水量が多いのに，なぜ水不足になりやすいのだろう

　日本は世界でも有数の多雨国である。にもかかわらず，水不足になる年があったり，水不足になる地域が見られたりするのは，その国土の特色に一つの要因がある。すなわち，4分の3は山地で外国に比べて川の流れも急であるため，貯水力がないのである。地形の特色をとらえていない子どもたちにとって「降水量が多い」という事実と「水不足になる」という事実は矛盾以外の何物でもない。その矛盾から生まれる「おかしいよ！」を追究意欲につ

なげる発問の工夫を行った。まずは子どもたちに降水量とは何かを説明し，国土交通省HP「世界各国の降水量等」のグラフを提示して入口発問を行った。

入口発問『日本の降水量と，世界の平均や外国の降水量と比べて，気づいたことはあるかな』

　子どもたちは，グラフから事実を読み取り，「日本は世界の中でも，とても降水量が多い国だとわかります」「こんなに雨の多い国だなんて知らなかったな」など，日本の降水量の多さを認識した。そこで今度は，「水不足で人々が給水車に並んでいる写真」を提示し，日本は水不足になりやすいという事実を板書した。すると子どもたちは「えー！」と驚きの声をあげた。そこで，次の発問を行う。

中心発問『何がそんなに"えー！"なのか，その理由を教えて』

　子どもたちは，一斉に手をあげ，発言する。「だって，4年生のとき，雨水をためてダムをつくっていることを学んだのに，なんで水不足になるの」「こんなに降水量が多いのに，水不足になるなんておかしい」。そこで，教師は，子どもたちが自身の問題を確認するための発問を行った。

確認発問『では，みんなが解決したい問題は何かな？』

　これにより，子どもたちは，「日本は降水量が多いのに，なぜ水不足になりやすいのだろう」という解決したい問題を明確にしたのである。予想は大きく，「地形に関係があるのではないか」「水の使いすぎなのではないか」の2つとなった。子どもたちは前者の予想をもとに，「世界と日本の主な川の比較グラフ」などを使って，意欲的に国土の地形の特色を調べてとらえ，それと関係づけて水不足になる原因の一つを解明した。そして，季節によって降水量に偏りがあることや，ダムが簡単にはつくれないことも調べた。さらに，後者の予想をもとに人口が多い地域では水が多量に使われることなども調べた。それらの事実を関係づけて，問題を解決することができた。

　このように，国土の地形の特色をとらえるだけでなく，事実同士を関係づけて問題を解決する社会科の学びの楽しさも味わうことができたのである。

（大村）

5年／国土の地形の特色(2)

①経験をくつがえす

異なる資料を提示して
低い土地のくらしを考える

　本小単元では，地形条件に特色のある地域として岐阜県海津市を取り上げ，低い土地という自然環境に適応しながら生活している人々の工夫を具体的に調べていく。しかし，事例地の岐阜県海津市は子どもたちの住んでいる地域からは地理的に遠く，5年生の子どもたちにとってイメージしにくいことから，意欲的に追究するための学習問題づくりが大切になってくる。
　子どもたち一人ひとりが意欲的に学習に取り組むために，子どもたちの疑問をどう引き出すか，どのように社会的事象と出会わせていくかが重要である。

◆Before◆
　堤防に囲まれた海津市に住む人々のくらしや産業には，どのような工夫があるのだろう

「おかしいよ！」これまでの経験をくつがえす教材

◆After◆
　海津市はどのように水害を克服し，地上の楽園と言われるまでになったのだろう

　『一緒に散歩に出かけた気分でスライドを見ていきましょう』と話し，教師が集めた写真を順に見せていく。
　住宅街のようではあるが，石垣が高く積んであるのがわかる。昔から海津にある住宅では水害に備えるため，家を高いところにつく

ろうと工夫した様子がわかる。

　道の先には丘のようなものが見える。ここに登ってみると、「川か海じゃない？」と子どもたちから声があがる。川の堤防であることを告げ、視点を回した写真を提示する。

　堤防の高さに、子どもたちも驚く。子どもたちの住んでいる地域では、坂を下った先に川が流れているため、丘のように見えた堤防の階段を上った先が川であることを意外に感じている子が多くいた。今までの生活経験をくつがえした瞬間である。

　この後、教科書や資料集に掲載されている海津市の上空写真、さらに

は、かつて海津市が水害によって水浸しになってしまった写真を提示し、『川の水面より低い土地のため水害の被害を受けることがありました』と説明を加える。水害の様子を写した写真を見て、「えっ！」「こんなに…」と驚く子どもたち。教科書の写真と見比べながら、どんな状況になってしまったのかを真剣に想像し始める。

　最後に、現在海津市より出されている観光ガイドブックを資料として提示する。そこには、「揖斐川、長良川、木曽川が出会う　自然の楽園」と記載されている。

　「あんなにひどい水害が起きるまちが、地上の楽園？」

　子どもたちの思考にギャップが生まれる。こうして、「海津市はどのように水害を克服し、地上の楽園と言われるようになったのだろう」という学習問題につなげることができたのである。

（阿部）

5年／暖かい土地のくらし　寒い土地のくらし

①経験をくつがえす

地域の気候を反映した事象を比較し，我が国にある様々な地域の特色を追究する

　本小単元は，「暖かい土地のくらし」と「寒い土地のくらし」のどちらかを選択して学習する単元である。それぞれの学習内容は「学校生活や日常生活の様子」「地形や気候の特色を生かした産業」「古くから伝わる伝統文化」である。選択させて学習するのだが，本来ならば，南北に長い日本の国土の特徴を際立たせるためには，どちらの内容も学習して比べたいところだ。しかし，両方を丁寧に学習するのは難しいので，単元の最初に沖縄と北海道2つの家屋の写真を比べる。同じ日本の家屋なのに，そこまでの違いがあるのかという驚きの後，沖縄ならば沖縄の資料を見せて，沖縄の学習を行う。北海道ならば，北海道へと進んでいく。

　単元の最初に両方の家を比べることで，「産業はどうか？」「学校生活はどう違うか？」というように，子どもたちが自分で進んで比べることができる視点を授けることができる。

◆Before◆
沖縄県（北海道）の人々は暖かい気候（厳しい寒さ）をどのようにくらしや産業に生かしているのか

「おかしいよ！」これまでの経験をくつがえす教材

◆After◆
どうして，同じ日本の家なのにこんなにも違うのだろうか

　沖縄と北海道の家には，気候の特徴を克服するための工夫が詰まっている。そこで，それぞれの家屋の写真を子どもに提示する。

　教科書や資料集には必ずと言ってよいほど，北海道をはじめとする雪国の

家屋の写真と沖縄県の家屋の写真が掲載されている。雪国ならば，雪が積もらないように強い傾斜がつけられた屋根，室内の暖かい空気が逃げないように二重に施された玄関や窓。沖縄の写真ならば，台風の被害を軽減させるための低く，固められた屋根や塀，風通しをよくするために広くとった窓などが示されている。しかし教科書や資料集では解説が加えられてしまっているので，子どもたちが発見したり，予想したりする楽しみが失われてしまっている。そこで，2つの写真のみ提示して，次のように発問していく。

『みんなの家と比べて，気づいたことはありますか？』

子どもたちは自分の家と違うところを発表していくので，それを板書していく。沖縄の家ならば「窓が大きい」「塀がある」北海道ならば「入口が厳重そう」「屋根がとがっている」などの意見を引き出したら，次に，

『それぞれの家は47都道府県の中で，どこの写真でしょう？』と発問する。

子どもたちは，ほとんどが沖縄と北海道を予想することができる。しかし，理由を言わせることが大切である。

『なんで，そう思ったの？』

屋根の形や，玄関の様子などを，暑さや寒さ，雪の多さなどから予想しながら意見を言うだろう。暑さや寒さについての意見が出たら，2つ目の資料として，沖縄，東京，北海道の平均気温と降水量を比べていく。これは子どもとともに，地図帳で確かめるようにするとよいが，教科書にもわかりやすい雨温図が載っているので，場合によってはそれでもよい。すると，「那覇の平均気温が23.1℃もあるのに，帯広は6.8℃しかない」「那覇は真冬でも17℃もあるのに，帯広は－7℃にもなる」と気づいていく。

そこで教師が，沖縄ならば2月の桜，北海道ならば小学校のスケート活動の写真を例示して，次時の活動へ移っていく。学校では沖縄か北海道しか学ばなくても，「沖縄にも特徴のある学校の学習があるかな？」「北海道ではいつ桜が咲くのかな？」と自ら疑問をもって進んで調べる姿が見られるようになる。選択の教材に対する一工夫である。

（粕谷）

5年／米づくりのさかんな地域(1)

③怒りなどの心情に訴える

農家の人たちの問題を
自分たちの問題にして考える

　本小単元では，稲作が国民の食料を確保する重要な役割を果たしていることや自然環境と深いかかわりをもって営まれていることを稲作に従事している人々の工夫や努力を調べることを通して考えていく。ただ，中学年の地域学習と異なり，学習対象が地理的に遠いことが多いため，切実感が生まれにくい。

　高学年の学習で，扱う事象を自分の問題として考え，主体的に考えていくためには，切実感が生まれるような「農家の人の思い」を教材化し，「自分だったらどうする」と置き換えて考えられるような教材が有効である。地理的には遠くても，心の距離は近い，そんな教材を取り上げていきたい。

◆Before◆
稲作農家の人たちは，どのような問題をかかえているのだろう

 「ひどい！」怒りなどの心情に訴える教材

◆After◆
もし自分が福島の農家だったら，米を買ってもらうためにどのようなことができるのだろう

米の収穫量のランキングを提示する。
「新潟や北海道はいつも多い」
「山形は庄内平野があるところだよ」
「あれ，福島は2012年度から出てこない。どうしてかな」
「何があったのだろう」
「東日本大震災だ…」

東日本大震災を期に，福島県の稲作は大きな被害を受けた。原発事故による放射能の問題と，それにかかわる風評被害で

	2009年度	2010年度	2011年度	2012年度
1	新潟	新潟	北海道	新潟
2	北海道	北海道	新潟	北海道
3	秋田	秋田	秋田	秋田
4	福島	福島	茨城	茨城
5	茨城	山形	山形	山形

出典：農林水産省「水陸稲の収穫量」（2009〜2012年）

ある。単元を通して福島県の稲作農家を取り上げ，米づくりの実際を調べていく。一人の農家に焦点を当てて調べることで，その人を通して社会を見ることになるので，心の距離は近づいていく。さらに，その人の実際の声を資料として取り上げることで，「教科書の〇〇さんの話」よりも，身近に感じる。とは言っても，都合よく話が聞ける農家がない場合もあるので，JAなどに協力を依頼し，農家を紹介してもらうことや，バケツ稲づくりで体験するというのも一つの方法である。

　農家の抱える問題は，これだけではない。生産量と消費量の減少による収入減，農家の数の現状，高齢化など様々である。それを「教科書に載っている問題」として調べるのではなく，「農家の人が話していた問題」として提示するだけで，農家を通して稲作を調べていた子どもたちには切実感がわく。それを「自分が農家だったら，どのように解決するのだろう」という問題にすることで，主体的な追究が始まるのである。

　「米づくり会議をしよう」と題し，生産者と消費者に分かれて議論を深める場を設定する。生産者の立場の子どもは，もっと米を消費してもらえるような策を考えて提案する。消費者の立場の子どもは，保護者に聞いてきた「米を買うときの視点」をもとに「こんな米をつくってほしい」と提案する。このような取り組みが，さらに問題を自分事にして心の距離を縮めることになるだろう。

　実際の会議では，両者の立場を踏まえた意見として，米の消費量を増やすような様々な取り組みを考えるという意見がでた。白飯として食べるだけではなく，米粉にして別の調理法をする方法を紹介していた。

（柳）

5年／米づくりのさかんな地域(2)

②数量に対する驚き

日本全国という視野で
庄内平野の米づくりをとらえる

　本単元では，日本の食料生産の具体的な事例を学ぶ。教材は米づくりである。3年でも生産の学習として，農業について学ぶ場合がある。しかし，5年の指導で授業者がはっきりと区別しておかなければならない，大切なポイントがある。

　それは，日本全国を視野に入れた規模で食料生産を行っている事例ということである。学校のまわりでも，お米づくりを行っているという地域は多い。しかし，全国規模でという意味を考えれば，庄内平野のような大規模な米づくりの事例を取り上げることが必要になるのである。「よりよい米を生産し，消費者にとどける」という営みは地域で行われている米づくりでも大きくは変わらない。そうではなく，国民の主食をまかなうという視点をもった学習問題を設定し，この学習に取り組ませたい。

> ◆Before◆
> 米づくりをしている人々は，よりよい米をどのように生産し，消費者にとどけているのだろう

　「えっ，そんなに？」数量に対する驚きを呼び起こす発問

> ◆After◆
> 日本の主食である米を人々が毎日食べられるように，米どころの庄内平野では，どのような米づくりが行われているのだろう

　まず，はじめに「日本人の主食は米であること」を確認する。これは，子どもたちとのやりとりの中で自然に出てくる。次に，教科書に「米づくり列島・日本」というタイトルがあることなどを取り上げ，日本各地で米づくり

が行われていることを確認する。その際，都道府県別の米の生産量がわかる一覧の資料を使用する。子どもたちの中には，米づくりが行われていない都道府県は一つもないということに驚きを示す子もいる。そして，その一覧をよく見ていくと，人口の一番多いはずの東京が，全国で一番米の生産量が少ないことに子どもたちは気づく。

「もし，自分たちの住む地域でできたお米しか食べられないという状況だとしたら都市部に住む人々はお米を口にすることができない」なんてことを言い始める子どもも出てくる。

そんな状況をつかませた後で，日本には「米どころ」と呼ばれる地域があることを確認させる。その際，右の資料を使用したい。この図からは，実に大量の米が庄内平野から日本人の主食を支えるために全国各地へと届けられていることがわかる。この資料の読み取りから，「自分たちの地域で食べる分だけでなく，全国の人々に食べてもらえるような大規模な米づくりはどのように行われているのか」という疑問へと展開していくのである。

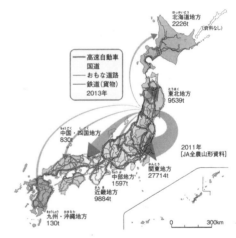

庄内平野の米が全国にとどくまで
（東京書籍5年教科書より）

調べ学習が進んでいくと，自分たちの近所で行われている米づくりとの違いが随所に感じられる。耕作面積はさることながら，広範囲に地中に埋め込み水を供給するパイプの設置など，私たちの食を支える食料生産の営みを大きなスケールで学ぶことができる。それゆえ，学習のはじめの段階で，「全国の消費者を視野に入れた米づくりである」ということをきちんと押さえて学習を始めていくことが大切なのである。

（渡邊）

5年／水産業のさかんな地域(1)

①経験をくつがえす

子どもが集めた資料をきっかけに
水産業のこれからを考える

　本単元では，水産業に従事している人々が消費者の需要に応え，新鮮で良質なものを生産し出荷するために，漁業技術の改善に努めるとともに，水産資源の保護，育成を図るための「つくり育てる漁業」などに取り組んでいることを取り上げる。しかし，遠洋・沖合・沿岸といった漁業の分類や漁法を中心に学習を進め，ともすると知識に偏った展開に陥ることも少なくない。

　「持続可能な水産業」をどのように目指していくのかといった未来志向型の見方や考え方を身に付けさせていくために，現在の課題を的確にとらえたうえで解決策を考え，子どもたちが提案したくなるような授業展開が望まれる。

◆Before◆
　水産業がさかんな地域では，どのような工夫をして，わたしたちの食生活を支えているのだろう

 「おかしいよ！」これまでの経験をくつがえす教材

◆After◆
　なぜ，日本はこんなにもたくさんの魚を輸入しているのだろう

　単元に入る前から，「魚介類のラベルを集めておくこと」を指示しておくと，水産業の授業が始まるときには，たくさんのラベルが集まる。『みんなの家では，たくさん魚を食べているんだね』と話しながら，ラベルを白地図の上に貼っていくことから，学習を始める。「自分たちの住んでいる地域の近くだけじゃなくて，全国のいろいろな場所でとれたものを食べているんだね」と子どもたちから声があがる。ラベルには，産地の他にも，天然，養殖の区別が表示されている。「こっちには天然と書いてあるよ」「こっちは養殖

だ。どんな違いがあるのかな」「値段にも関係があるのかな」「中国産のうなぎと静岡県産のうなぎは全然値段が違うよ」というような声もあがってくる。ラベルを貼っていくと，意外にも輸入された魚がかなり多いことに気づかされる。「あれ，日本は周りを海に囲まれた国で，魚はたくさんとれるはずなのに，どうして他の国からわざわざ魚を輸入しているのかな」と，子どもたちから次々と疑問が出る。

このような疑問が出てきたところで，「魚介類における食料自給率の数値」を紹介する（食料需給表）。2015年度の魚介類における食料自給率は54％である。子どもたちにとっては意外な数値であったらしく，「日本でとれた魚ばかり食べていると思っていた」「こんなにも，外国産の魚を食べているとは知らなかった」という声が出てくる。今までの生活経験や，国産米中心の米づくりの学習の経験をくつがえすこのような事実から，「なぜ，日本はこんなにもたくさんの魚を輸入しているのだろう」という学習問題が成立した。

調べ学習を進めると，200海里水域の影響で漁場が制限されていることや資源の枯渇，海の環境の悪化，水産業従事者の高齢化などの問題が出てくる。また，日本人が，以前よりも魚を食べなくなっていることもわかってくる。そして，資源管理型の漁業に切り替わってきていることにも気づき始める。

子どもたちは多くの問題意識をもって，日本の水産業を活性化させていくための方策について真剣に考え，子どもたちなりの解決策を提案していく。

(阿部)

5年／水産業のさかんな地域(2)

⑤価値の対立

絶滅危惧種のうなぎを調べることで これからの水産業について考える

　本単元では，わが国の水産業について学習を進める中で，養殖業に頼らないといけない現実があることを中心に考える。

　いわゆる「天然魚」と言われるものは高価なものになり，なかなか消費者としては手を出しにくい。そのため，稚魚を増やしたり，卵を孵化させたりしながら養殖業を進めている。中でも，国際自然保護連合（以下：IUCN）が出している，いわゆる「レッドリスト」の中に，「ニホンウナギ」が絶滅危惧種としてあげられたことに注目したい。

　近い将来，野生のものは絶滅する危険性が高いという。自分たちの食生活を見つめ，「これから食生活をどうしていけばよいのだろう」ということを考えられるような発問がほしい。

◆Before◆
養殖業はどのように行われているのだろう

 「私はこっちの立場なんだけど…」価値の対立を引き起こす発問

◆After◆
とりづらくなっているうなぎは，これから先どのようにして食べていくこができるのだろうか

　夏には，「土用の丑」の日といって，昔から「うなぎ」を食べて力をつけるという風習が日本にはある。最近では，「鰻重」や「鰻丼」を，うなぎ屋さんのみならず，牛丼チェーン店でも食べることができる。

　「うなぎやさんの鰻重2400円」「牛丼チェーンの鰻重750円」の写真を提示する。子どもたちからは「なぜ，同じ鰻重でも，値段がこれほど違うのだろ

う」という疑問をもつ。「きっと天然うなぎと養殖うなぎの違いなのかな？」「国産のものと，外国産のものの違いがあるのではないかな？」「でも，うなぎが近々食べられなくなるかもしれないということを新聞で見たと，お家の人が言っていたよ」と子どもたちから考えが出る。

　ここでIUCNの「レッドリスト」の表を見せる。高価や安価以前にうなぎが本当に食べられなくなるかもしれないと資料をもとにして感じる。本当にこれからどうしていけばよいのだろうかという切実な問いをもつ。

　天然うなぎの危機もさることながら，養殖うなぎにも危機が迫っている。その状況下にあっても，うなぎを食べていくにはどうしていけばよいか。また，食べないという選択も視野に入れるべきかを考える。

　事実や資料をもとにした話し合いをするために，天然うなぎの現状，養殖うなぎの現状，完全養殖を行っていることなどの資料を子どもたちに提示して詳しく調べていく。

　学習問題に対して，自分は「食べ続けることができる（願望も含め）」「食べ続けることができない」と立場を「名札マグネット」で示していく。可視化することで，自分の立場を確認することができ，友達の立場も見え，話し合いを進めるうえで役立つ。

　「名札マグネット」で自分の立場を示す際には，その理由をノートに書く。自分の考えをノートに書くことで自分との対話を行い，話し合いを行うときの自分の規準ができる。

　話し合いを行ったときの意見を紹介する。「数年の間でうなぎはとれなくなってしまう。資源を大切にしていくのなら，しばらく食べない方がよいのでは」「完全養殖の技術も進んでいるから，これらが進めば今ほど心配しなくてもうなぎを食べることができるのではないか」「一律に食べないということだと，土用の丑の日という文化そのものがなくなる。それは忍びない」などと「価値の対立」から子どもたちの考えが深まり，問題を主体的に解決していこうとする姿勢が育つのである。

(須賀)

5年／これからの食料生産とわたしたち

⑤価値の対立

大人でも見解が分かれる価値判断の話し合いを通して，これからの食料保障について多面的・多角的に考える

　本小単元では，これからの食料生産の在り方について考えることをねらいとしているが，こと自給率の問題については，様々な工夫でそれを上げていくことが大切であるかのように学習がなされることが多い。ただ，この考え方を近年，疑問視する研究者等も複数出てきている。輸入がストップしたら食料が足りなくなるというインパクトのある事実からの素直な「どうすべき？」をもとにして，子どもたちが食料生産の現状やこれからの食料保障について意欲的に追究するとともに，事実をもとに，バイアスをかけられることなく多面的・多角的に考え，自分なりの判断ができるような教材がほしい。

◆Before◆
食料生産にはどんな問題があり，これからの食料生産をどのように進めたらよいだろう

 「私はこっちの立場なんだけど…」価値の対立を引き起こす教材

◆After◆
　食料を安定して確保するために，日本はこれからどうしていくべきなのだろう
① 【事実追究】日本はどの国からどのくらい食料を輸入している？
② 【関係追究】なぜこんなに食料自給率は低くなった？
③ 【価値判断】日本は「食料自給率を上げること」が大切なの？

　「日本の食料の安定確保のため，農家のためには，食料自給率を上げることが大切だ」と主張する人物やその根拠，「食料自給率を上げない方が，安定した食料確保にも農家の発展にもよい」と主張する人物やその根拠を教材

化して，以下のような流れで単元を実践した。
　まず，輸入がストップしたときの食卓の変化を絵で提示すると，子どもたちは，いかに食料を輸入に頼っているかを実感した。そして，「これからも輸入を大切にしないとね」「自分たちでもっとつくるべきでは？」と意見の食い違いが出た。そこで，その2つを取り上げると，意見は拮抗し，「食料を安定して確保するために，日本はこれからどうしていくべきなのだろう」という学習問題が設定された。そして，それを解決するために明らかにすべきことは何かを話し合い，先の①②③が分析的な問題として設定された。これらの問題は，設定された時点ではまだ見通しにすぎない。調べれば調べるほど，次の問題が切実になっていくことをねらったのである。
　①の問題を調べることで，子どもは「なぜここまで輸入に頼るようになったの？」という思いを大きく膨らませて②の追究へと進んだ。そして，②の問題を追究し，自給率低下の原因を明らかにすることで，③の問題はより切実なものとなった。さらに，ここで教師は元農水省の末松氏たちと東大大学院准教授の川島氏たちの自給率に対する見解が分かれている事実を提示した。子どもは「こんな人たちでも意見が分かれるの？　どうすればいいのかな」とさらに問題を切実にしていった。しかし，対立的な問題で大切なのは独りよがりの思いではなく，事実をもとに考えることである。教師は，研究者の著書等（川島博之『「食料自給率」の罠』朝日新聞出版，末松広行『食料自給率の「なぜ？」』扶桑社　他）から根拠となる多数の事実（筆者の見解は除く）を抜粋し，子どもたちにもわかる資料として作成し，提供した。子どもたちはそれをもとに自分の考え（判断）とその根拠を明確にし，意欲的に話し合いを進めたのである。話し合いでは「日本や世界の耕地面積」「安全」「価格」「日本の経済力」「世界の食料分布と日本の食料廃棄量」「環境」などの様々な視点，「日本の農家や漁師」「外国の輸出業者」「日本の消費者」などの様々な視座に立って食料保障の在り方を深く考える姿が生み出された。
　この話し合いを通して子どもたちは「食料保障の問題は，今後も多面的・多角的に考え続けていかねばならない」という認識に至った。　　　　　　（大村）

5年／工業生産と工業地域

②数量に対する驚き

身のまわりにある工業製品の仲間分けを通して，様々な工業製品が国民生活を支えていることを実感的に理解する

　私たちの身のまわりは，工業製品で埋め尽くされている。ただ，それらの工業製品は日常化しており，子どもたちにとって「あれども見えず」なものとなっている。さらに，それらの工業製品には外国産のものも少なくはない。

　そこで，普段過ごしている教室の中の工業製品を探し出し，それらを製品分類別や産地別に分類する活動に取り組む。工業製品を見つけ出し，調べるという活動は，どの子どもも楽しんで参加できる。

　子どもたちは「教室内にある工業製品を100個見つける」活動に挑戦することを通して，自分たちの生活を支える工業製品が「どのようにつくられているか」「どこでつくられているか」ということについて関心を高めていくのではないだろうか。

> ◆Before◆
> 日本の工業では，どのような製品が多くつくられているのだろう

 「えっ，そんなに？」数量に対する驚きを呼び起こす発問

> ◆After◆
> 教室の中にある工業製品を100個見つけて，製品分類別や国別に仲間分けしてみよう

　『工業製品ってなんだろう？』と問う。子どもたちは「自動車」「パソコン」「レール」「タイヤ」「カップ麺」「シャツ」「ノート」など，教科書も見ながら答えていく。『この工業製品を２つに分けることはできないかな？』と問うと，すぐに「重化学工業と軽工業」「まだ分けることができるよ」などと声があがる。そこで，子どもたちの発言をもとに以下のように板書した。

重化学工業			軽工業		
機械工業	金属工業	化学工業	食料品工業	せんい工業	そのほか

　そして，『教室の中にある工業製品を100個探して，ノートに書いてみよう！』と投げかける。すると，子どもたちは「えっ〜100個もあるの？」と半信半疑であるが，すぐに活動に夢中になっていく。どの子どもも，100個前後の数を見つける。その数に驚く。

　「すごい，100個以上見つけられた！」「この薬は化学工業に分類されるんだね」「教室には金魚やかめのえさしか食料品工業がなかったけど，教室を出たらもっともっと溢れているね」「牛乳やバターなど乳製品は北海道産のものが多いよ」「DVDやデジカメ，ラジカセ，リモコン，電子ピアノやストップウォッチ，黒板消しクリーナーなど機械工業が多いね」。

　調べた結果，教室の中で一番多かったのは，機械工業だった。そして，「中京工業地帯か京浜工業地帯でつくられたのかな…」という子どものつぶやきをきっかけに，産地調べに夢中になっていく。

　「このデジカメにはMADE IN CHINAって書いてある」「ほとんどが中国製だ！」「この服はベトナム製って書いてある」「こののりはKOREAって書いてある。韓国でつくられたんだね」「消しゴムにVIETNAMって書いてある。ベトナム製だ！」「でもネームペンは日本製だよ」「えんぴつも日本製だよ。だってJISっていうマークがあるもの！」。

（由井薗）

5年／自動車をつくる工業(1)

②数量に対する驚き

働く人を生かす工場づくりから，常に前進する自動車工業の在り方を考える

　本小単元は，世界に誇る日本の自動車工業の学習を通して自動車生産の工夫や効率のよさ，関連工場との連携や商品開発について学び，工業生産が我が国の国民生活を支える重要な役割を果たしていることを学習する。我が国にとって重要な産業である自動車工業だが，近年は生産量だけで言えば中国が日本を大きく上回っている。また，アメリカも一時の自動車不振から立ち直り，日本は2015年に世界第3位の生産台数に落ちてしまった。「どうして日本の自動車工業はすごいのか」という誇りをもつことが以前より難しい。学んでいくための意義を見いだすには，教材との出会わせ方がカギになる。

　そこで，今回は，日本の自動車工業が「壊れにくく，高品質」な製品を生み出していることをきっかけとして学習を進めていくことにする。「壊れにくく，高品質」な自動車づくりは，自動車生産の工程すべてに貫かれている。「どうして日本の自動車は壊れにくく高品質なのか」という視点をもって学習していくことで，子どもたちの追究力が高まっていくと考える。

◆Before◆
　自動車づくりにかかわる人々は，よりよい自動車をつくるために，どのような工夫や努力をしているのだろうか

 「えっ，そんなに？」数量に対する驚きを呼び起こす教材

◆After◆
　どうして日本の自動車は世界一壊れにくいと言われているのか

　私たちの生活に欠かすことのできない自動車は，子どもたちにとってもなじみが深い。最初に自動車がどんなことに使われているか尋ねてみるとよい。

通勤やレジャーの他、物を運ぶことや工事車両、緊急車両など様々なものに使われていることを確かめ、私たちの生活を豊かにし、欠かせないものになっていることを押さえる。

次に、日本は世界屈指の自動車生産国であることを伝え、世界第3位の生産台数を誇っていることを確かめる。もちろん、子どもが知っていればそれを言わせてもよい。中国が約2500万台、アメリカが約1200万台、日本は約900万台である。この結果は当該国の人口の違いが大きく反映されているのだが、子どもたちには少し難しいので取り上げることはしない。それよりも、日本の自動車生産は一目置かれているとして、右のグラフを子どもたちに提示して読ませる。すると、不具合が少ない自動車はほとんどが日本のメーカーでつくられたものであることをつかむ。数多くの自動車メーカーがしのぎを削る中、どうして日本の自動車は不具合の少ない製品をつくれるのか、我が国の自動車生産を調べてみようという意欲と、壊れにくいのはどうしてかという問題意識をもって追究していける。

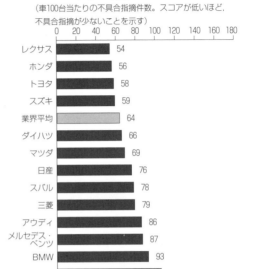

注）アルファロメオ、フィアット、ボルボは小数サンプルのためランキングには含まれていません。
出展：J.D. パワー 2016年日本自動車耐久品質調書 SM（VDS）

次時以降は、生産ラインの各工程において「効率」「よい製品」を目指した自動車づくりがなされていることを学べる。子どもは規模の大きさに驚くとともに、品質のよい自動車をつくる様々な工夫と努力を自然な流れで学んでいくことができる。

（粕谷）

参考：日本自動車工業会「世界各国／地域の四輪車生産台数」

5年／自動車をつくる工業(2)

⑤価値の対立

これまでの自動車づくりを見つめこれからの自動車づくりについて考える

　本単元では，これからの自動車づくりとして求められている「環境に配慮した自動車」と，これまで多く展開されてきた「ガソリン車」の価値を対比させることにある。

　自動車は，わが国を支える基幹産業の一つであるが，その中心は今までガソリン車を中心に市場展開されてきた。最近では，環境に配慮した取り組みとして，ガソリン車以外の自動車も多く市場に出回っている。例えば，ハイブリッド車，水素自動車，電気自動車などがあげられる。

　「環境に配慮した自動車」が多く市場展開を始めているが，ガソリン車の市場も根強い。トラックのディーゼル制限や排気ガス排出量を示しながら，これからの自動車づくりを考えることができる発問がほしい。

◆Before◆
これからの自動車づくりはどのように行われていくのだろう

「私はこっちの立場なんだけど…」価値の対立を引き起こす発問

◆After◆
これからの自動車づくりには，人々のどのような思いや願いがこめられているのだろうか　～ガソリン車の普及か，電気自動車の普及か～

　電気自動車の写真を提示し，『この自動車は普段みんなが乗ったり，見たりする自動車と違うところはどこだろう？』と問う。子どもたちからは，「見た目には違いがないけれど，何か違いがあるのでは？」と考える。

　2枚目の写真を提示する。電気自動車を充電しているときの様子である。「ガソリンスタンドでガソリンを入れるものと少し違う」「電気自動車という

名前を聞いたことがある」などの予想が出てくる。

　予想に対して調べていくと，ガソリン車と電気自動車は見た目には違いはないが，電気自動車は名前通り電気で動き，ガソリンスタンドでは給油はできず，電気スタンドで電気を補給することになるということがわかる。

　子どもからは，「環境にこれだけ配慮しているのに，クラスで1人しか電気自動車に乗っている家がないのは，どうしてだろう」という問いをもつ。

　あらかじめ教師が用意しておいた資料を提示する。「環境に配慮しているのに，このような電気自動車は約1万台しか市場で出回っていない」「これまで学習してきたガソリン車は，約3800万台が市場で出回っている」など事実や資料に基づいた問いから，学習問題が成り立つ。

　ガソリン車が望まれる理由と，電気自動車が望まれる理由について，これまで学習してきたことをもとにして，クラスで話し合い（討論）を行う。

◇ガソリン車のメリット（○）とデメリット（●）
○お家の人にも聞いたのだけれど，馬力があって山道もあまり車に負担をかけずスイスイと登っていける。
●確かに排気ガスの排出量は多いから，もう少し環境のことを考えていった方がよい。
◇電気自動車のメリット（○）とデメリット（●）
○環境に配慮していて，自動車に乗らない人や排気ガスが苦手な人のことも考えてつくられている。
●環境のことを考えているのだけれど，電気で走っているから，ガソリン車に比べると馬力がない。

など自分たちの考えをこれまで学習してきたことを根拠にしながら，自分の考えを発言したり，友達の考えを聞いたりして，考えを深めていく。

　価値を対立させて深く学んだことで，新たな学習問題を追究していくのである。

（須賀）

5年／情報化した社会とわたしたちの生活(1)

④多様な見方・考え方

本当に伝えたいことは何か
受け取りたい情報は何かということについて考える

　本単元の目標は，「情報」が本当に必要なとき，どのように発信し，どのように受け取り，活用していくのかを調べ，考えることにある。

　ここでは，東日本大震災（以下3.11）時に，手書きの壁新聞を発行し続けた「石巻日日新聞社」（以下，日日新聞社）を教材として取り上げる。

　日日新聞社は，宮城県石巻市周辺を中心に展開している地域新聞社であり，3.11時には，社屋が津波の被害を受け新聞発行が困難な状況下にあっても，「地域の人に情報を発信したい」「伝えることが私たちの使命だ」との思いから，手書きの壁新聞を書き，地域の避難所など6か所に貼った。これらの仕事がジャーナリズムの精神として評価され，避難所等に貼った6枚の壁新聞が，米国ワシントン州にある報道博物館にも展示されている。情報の大切さを伝える教材である。

◆Before◆
情報を伝える人たちは，だれに向けてどのような情報を伝えているのだろう

　「僕ならこう考えるよ」多様な見方・考え方を生み出す教材

◆After◆
必要な「情報」をどのように伝え，生かしていけばよいのだろう

　3.11のとき，宮城県石巻市は大きな被害を受けた。被災した直後は，ライフラインはすべて寸断され，生活に必要なものの多くは使えなかった。町がどのような状況か知りたくても，情報がなかなか伝わってこない状況であったことを授業の導入で子どもたちに伝える。

石巻市にある日日新聞社も例外でなく，社屋が被災した。その中にあっても新聞を出し続けよう，地域に情報を届けようという思いで発行し続けた壁新聞（6枚発刊しているうちの3月14日に発刊した壁新聞）を提示する。
　子どもたちからは「手書きだ」「ぼろぼろ」「もっと詳しくその新聞を見てみたい」との声があがり，実物大の新聞を提示する。
　子どもたちがイメージしている新聞とは中身が異なり，手書きの壁新聞が大切な情報を発信しているというインパクトをもつ。壁新聞に載っている情報をより詳しく調べていく。新聞に書かれている内容には，被災した地名などが出てくる。どこでどんな災害が起きていて，どこで物資を届けているのかなどを教師が作成した簡易の地図上に転記して，位置関係などを整理していく。手書きの壁新聞の中には，被災した人たちに本当に必要な情報があふれていることに気づき，これまで情報というものについて抱いていた認識との違いに2つ目のインパクトをもつ。
　最後に，3.11時に日日新聞社の報道局長であったTさんへのインタビューを読む。「壁新聞では，改めて地域紙を地域の方に読んでもらい，希望がもてる情報を載せるように心がけました。壁新聞は"情報"を伝える原点といわれていますが，意地みたいなもので情報を伝え続けたのだと思います」。読み終えると，子どもたちは，情報を伝えることの大切さを感じるとともに，情報を受け取る側として，本当に必要な情報について考える。
　ある子の授業感想である。
　「私がもし被災をした人たちだったら，壁新聞を見て，とてもうれしいと思います。地域の情報があふれているからです。新聞は文字ばかりで苦手でしたが，新聞の情報も大事だなと思いました」
　とまとめた。
　子どもたちは情報があふれている中で生活をしているが，本当に必要な情報は何であるのか，その情報をどのように生かしていけばよいのかを考えるきっかけになる授業になった。

（須賀）

5年／情報化した社会とわたしたちの生活(2)

①経験をくつがえす

地方新聞が果たす役割
新聞から情報産業の役割と情報の生かし方について考える

　本単元は，情報産業の世の中に果たす役割に目を向け，これからの情報化社会を，自分たちがどのように生きていくのかを考えることが大切な単元である。そのためには，情報産業が果たす役割について深く理解していく必要がある。今回は，そのために，自分たちの出した学習のまとめから，新たに学習問題がつくり出される【おっかけ発問】を行っていく。

　「ああ，こういうことね」という表面的な学習に対して，その結論にさらに問題を提起し，「あれ，こういうことじゃなかったの」という状況を生み出していく。【おっかけ発問】とは，学びの連続性を大切にする発問である。

　今回は，地方新聞の役割が，「その地域の情報を豊富に伝えていくこと」という，教科書の内容に即したものから展開する。

> ◆Before◆
> 新聞社の仕事は，わたしたちの社会で，どのような役割を果たしているのでしょうか

 「おかしいよ！」これまでの経験をくつがえす発問

> ◆After◆
> （前時のまとめから）地方紙の役割が，その地域の情報を伝えていくことなら，なぜ遠く離れた地域の人々も，この新聞をとっているのだろう

　地方紙の特色について，全国紙と比べることを通して「その地域に関する豊富な情報が載っている」ということについて，押さえるところから始まる。子どもたちの「自分の住む身近な地域のことを詳しく知ることができる地方紙」という認識に，ある資料を提示することによって「おかしいよ！」の意

識を芽生えさせる。「自分たちの住む地域の新聞」が，北海道や沖縄など，まったく異なる地域にも配送されている事実（下の図）である。

右の資料を前に，子どもたちは「たまたまその地域を知りたい人がいたんじゃない」「たまたまにしては人数が多いよね」「この人たちはなんで自分の住む地域以外の情報がほしいのだろう」と憶測をする。

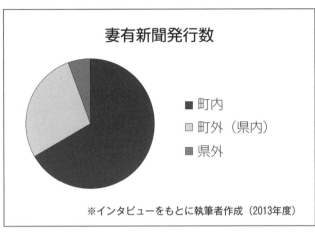

※インタビューをもとに執筆者作成（2013年度）

そこで，改めて新聞に目を落とし，読者欄など隅々まで読み込むように子どもたちに投げかける。

「あ！　こんなことが書いてある」

- 久しぶりに○○さんの名前を見て，あっと思いました。自分が住んでいたころの風景が懐かしく思い浮かんできました—。

「そうか，この人，もともとこの地域に住んでいた人なのかも。そうしたら，全国に自分たちの故郷の情報がほしいって人がいてもおかしくないね」という声。さらに，読者欄や社説など隅々に目を通す子ども。

一通り時間をとった後，『地方紙のもつよさって，その地域の情報を伝えるだけなのかな？』と投げかける。子どもたちの手があがり，

「情報を伝えることによって，人と人とをつなげていくよさもあると思う。地方の新聞は，顔がわかる人が記事に出てくるから，あ～，あの人は今こんなことやっているんだとか，その地域のコミュニケーションにも重要な役割を果たしているんじゃないかな」。

子どもたちが，深い学びにたどり着いた学習である。

（鈴木）

5年／環境を守るわたしたちのくらし(1)

①経験をくつがえす

木材自給率から，森林資源の重要性と国民一人ひとりの協力の大切さを考える

　本小単元では，森林資源を守ることは環境保全につながるということや，環境保全を図るためには国民一人ひとりの協力が必要であることに気づくようにすることが大切である。しかし，住宅地に住んでいる子どもたちに「森林」は身近な存在とは言えない。そのため，森林の役割について改めて考える機会もほとんどない。

　森林の機能は，国土保全や地球環境保全，水源涵養，木材生産，レクリエーションの場など，多くあげることができる。しかし，それも森林が健康な状態として存在していることが条件となる。よって，子どもたちが本気になって，国土に広がる森林がいかに大切かと考えることのできるような教材が必要になってくる。森林資源の働きの重要性を考え，森林資源の保護や育成のために，みんなの協力が必要であるという考えを引き出したい。

◆Before◆
日本の森林はどのようになっているのだろうか

 「おかしいよ！」これまでの経験をくつがえす教材

◆After◆
日本は森林がたくさんあるのに，どうして木材自給率が低いのだろう

　「世界各国の国土にしめる森林の割合」のグラフを提示し，世界の国々における森林の割合（森林率）を確認していく。

　このときに，資料を少しずつ提示していくことで，子どもたちの興味を引きつけることができる。クイズ感覚で取り組めるので，盛り上がる。地図帳を広げて調べ始める子も出てくる。

94

日本はフィンランドやスウェーデンと並んで，森林率が高いことを確認する。そして，日本の森林の面積は総面積の66%であり，国土のおよそ3分の2を占めていることも理解させる。子どもたちの中には，「4月に勉強したよ」と反応する子もいる。「わたしたちの国土」という単元で，日本は山地が多いという学習内容を思い出したのだろう。

　しかし，世界でも有数の森林率を誇りながら，日本では林業で働く人は著しく減少している。「林業で働く人の変化」のグラフを提示すると，子どもたちは「あれっ」という顔をしている。さらに，日本の木材自給率を示す。日本の木材自給率は29.8%である（2014年）。そうすると，日本は国土の7割近くを森林が占めているのに，どうして自給率が低いのかという疑問がわいてくる。子どもたちからも「おかしい」「ふしぎ」という声も出てくる。何か特別な理由があるのではないか，という疑問から「日本は森林がたくさんあるのに，どうして木材自給率が低いのだろう」という学習問題ができた。

　予想する場面では，既習事項である「食料生産」や「工業生産」についての学習が生きてくる。「木を売っても，利益が少ないのかな」「外国の安い木を輸入しているからだよ」という類いのものである。

　調べていくと，復興資材確保のための大規模な伐採，伐採跡地を再生していくための植林事業や，その後の木材の輸入自由化によって，日本の林業が衰退してしまったという事実につき当たる。

　しかし一方で，森林を荒廃させてはいけないという気持ちから，あえて林業の世界に飛び込んだり，森林保全のために活動を行ったりしてきた方々からお話を聞く機会を設けた。高齢者を中心としたボランティアグループや，林業女子会の方々にたくさん質問をした子どもたち。子どもたちからは「これからは，もっと森に入って木をさわりたい」「森林の大切さを，まわりの人たちに広めたい」という声が聞かれた。また，具体的な政策を提言していくような授業展開も可能であろう。

(阿部)

参考：農林水産省「平成26年　木材需給表」

5年／環境を守るわたしたちのくらし(2)

①経験をくつがえす

間伐材からつくられたカスタネット
環境を守ることと，自分たちをつなげて考える

　本単元は，自然環境を守るための取り組みにスポットを当てて，環境を守り，次の世代につなげていくことの大切さを，自分たちの生活を振り返って考えていく学習である。昨今のエコ意識の向上に伴い，自然は守るべきものという考えを子どもたちはもっている。ただ，それは，漠然としていて，具体的にどのようにしていけばいいのかというイメージをもてていない。

　そこで，本単元では，具体的な社会的事象を取り上げて，焦点化した学習問題をつくっていくことが大切である。さらに，その取り組みの問題点をあえて取り上げて話し合っていくことで，「環境を守るとはどういうことなのか」ということについて，考えを深める発問をしていく。

◆Before◆
環境を守るために，どのような取り組みをしているでしょうか

「おかしいよ！」これまでの経験をくつがえす発問

◆After◆
○○（間伐材からカスタネットをつくる）をすることって，本当に環境を守ることにつながっていくのかな

　発問の○○の部分には，取り上げた教材に応じた具体的な取り組みが入る。今回は，みなかみ町の間伐材を用いたカスタネットづくりを中心に，学習を展開する。カスタネットという教材がもつ世の中に対する価値を子どもたちに投げかける。

　ある具体的事象を取り上げると，子どもたちは無条件にそれが社会にとっ

て「価値あるもの」だと思ってしまう。そのような思い込みの学習から抜け出すために「本当に社会にとって価値あることなのだろうか」ということを突きつけていく。この問題提起が，子どもたちの思考をより深くし，「環境を守るってどういうことなのか」という本質的な問いに立ち戻らせていく。

実際にこの問いを突きつけられた子どもたちは，「え…」と言葉を詰まらせた。「だって，守ることにつながっていくから，やってるんじゃない」「でも…確かに，カスタネットが環境を守ることにつながるかって言われたら…どうなんだろう」そこでさらに，カスタネットをつくるために必要な手間と，費用などの具体的な資料を提示する。

> カスタネットをつくる
> 《間伐にかかる費用》
> 　　　　　　1本あたり○○円
> 《カスタネットの費用》
> 　　　　　　1個あたり△△円
> 　　　売値を考えると
> 　1つつくるたびに□□円の損になる

「これって，カスタネットをつくらない方がよいってことじゃない。それでもつくってるっておかしくない？」。

子どもの自然なつぶやきである。「それでもつくっているのはなぜだ」と，話し合いは一気に加速していく。「カスタネットを売ることでは，環境を守ることに直接つながらないよね」「カスタネットで知ってもらいたいから，つくっているんじゃないかな」「みなかみの森のことを，カスタネットで知っていく人が増えてくれば…」ここで，改めて子どもたちに投げかける。

『ねぇ，○○（間伐材からカスタネットをつくる）をすることって，本当に環境を守ることにつながっていくのかな？』。

それに対する子どもたちの答えは，

「このこと（カスタネットの取り組み）で森のことを知った私たちが，環境を守ることにつなげていくんだと思う」。

思い込みの学習に，「待った」をかけて，本質的な学習に深めていく学習に至った瞬間である。

(鈴木)

5年／環境を守るわたしたちのくらし(3)

①経験をくつがえす

豊かな森林をもつ私たちの国土実態を学び，森林の利用と保護活動の在り方を考える

　本小単元では，森林の働きと生活への利用を学習するわけだが，「日本は森林が豊かな国である」「天然林と人工林」「森林を守る働き」「森林の働きと私たちの生活のつながり」が扱われ，実に幅広い内容をもつ。そのため，すべての内容を網羅しようとすると学習問題がぼやけてしまう。

　そこで，最初に日本は森林が多い国土であることを示し，私たちの生活が木材を利用して営まれてきたことをつかむ。その木材供給は，計画的につくられた人工林で行われてきたが，林業従事者の減少と木材価格の下落により，林業は廃れ，森が荒れていく様子を示す。しかし，森林にたくさんの役割があることを予想させる。天然のダム，きれいな水を生み出す役割，空気の浄化や動植物のすみかなど様々な役割があることがわかるだろう。それを守るために人々が努力と工夫をしている様子を学ぶ。

　このようにストーリー性をもたせることで，いろいろ多様な内容を一つの単元としてまとめ上げることができるのではないだろうか。

◆Before◆
　森林には，どのような働きがあり，森林資源をどのように維持してきたのだろうか

 「おかしいよ！」これまでの経験をくつがえす発問

◆After◆
　私たちの生活に必要な木材を供給する人工林は，どのようにして育てられてきたのだろうか

最初に子どもたちに2枚の写真を提示する。

一枚は天然林(A)の写真で，もう一枚は人工林(B)の写真である。天然林はインターネットで「屋久島」や「白神山地」と検索すると出てくる。野趣あふれ，木々の形も様々である様子がわかる。一方の人工林はスギやヒノキが整然と並んでいる。この2つの写真を見て発問する。

　『これは，どちらも日本の森林ですが，違いが分かりますか？』

　子どもたちは，2枚の写真の違いを意欲的に話す。「Bは木がきれいに並んでいます」「Aはごちゃごちゃしています」「Bは同じ種類の木だけに見えるね」「Aは形も大きさもばらばらだから，種類は同じじゃないと思う」など，Bの方が同じ種類で整然としていることに気づいたら，『Bは，どうして同じ種類の木しかないのかな？』と深める発問をする。子どもたちは「人が植えたんだと思います」「Aは自然にできた森で，Bは人が植えた森じゃないかな」と答えた。そこまで引き出せたら，森林には，天然林と人工林があることを教える。

　次に，日本の伝統的な家屋と漆器，木製の家具など，木材でできた生活用品の写真を見せる。子どもが見て木材でできていることが分かるような写真を選ぶとよい。

　『これは何でできていますか？』と発問する。

　「木でできています」

　生活の中で木材が多く使われていることに気づいたら，

　『家や食器に使う木材は，どちらの森の方から多く来ると思いますか？』と発問する。子どもたちは人工林だと答える。

　整然としている人工林は人々が計画的に林業を営み，木材を供給していくためにつくられ，維持されていることを学習していく。

　学習していくと現在の林業は収入や後継者など様々な課題があることに気づく。現在では森林が環境に果たす役割を考え，維持を続けていることを学習していく。また，天然林の保護活動へと学習が広がっていく。

（粕谷）

5年／自然災害を防ぐ(1)

④多様な見方・考え方

自分の地域の調査から，自然災害から身を守る方法を考える

　本単元の内容は，学習指導要領解説では，
「自然災害の防止と国民生活とのかかわりを取り上げ，我が国の国土では地震や津波，風水害，土砂災害，雪害などの様々な自然災害が起こりやすいこと，その被害を防止するために国や県（都，道，府）などが様々な対策や事業を進めていることなどを調べること」
と記されている。具体的には，堤防の整備やハザードマップの作成などの対策や事業を取り上げることを示している。

　しかし，2011年3月11日の東日本大震災以降，国民の防災意識は大きく変化し，公助には限界があることをだれもが知ることとなった。未来を生きる子どもたちにとって必要な，自然災害の防止と国民生活への理解の学習を再度考え直す必要があるだろう。

　そのためには，自然災害を，多面的・多角的に考察していく必要がある。自分の住んでいる地域を丁寧に見つめ，それをもとにどのようにして防ぐのか子どもたちに判断をさせ，具体的な方法を話し合っていく必要がある。

◆Before◆
　自然災害から身を守るために，地域の住民の働きには，どのようなものがあるだろうか

▼「僕ならこう考えるよ」多様な見方・考え方を生み出す教材

◆After◆
　津波から地域の人々の命を守るには，どのような方法がいいか？　あなたのよいと思う方法を提案しよう

自然災害を防ぐには，これまで以上に主体的な判断が問われている。全国の様々な取り組みを参考にして学習を進めることもよいが，本単元においては，実践的な態度や能力が問われているのではないか。それには，地域の実情をしっかり調べ，どのような方法で災害を防ぐのかを一人ひとりが深く考えていく必要がある。地域をよく観察すると，災害の歴史が残っている。

　筆者の地域は元禄津波（1703年）で多数の犠牲者を出した地域で，学区には，江戸時代に土を積んでつくられた土塁「津波避難丘」がある。現在も残る津波遺跡だが，それが津波避難のためにつくられた人工の丘だと知る人は少ない。また，古刹には犠牲者一人ひとりの名前を刻んだ大位牌がある。それらを観察すると，子どもたちは自分の地域も災害と隣り合わせであることを実感する。

　そこで，「地域の人たちを津波から守るためにはどうしたらいいか」を考える。子どもたちは様々な案を考え調べ始める。子どもたちの案は以下の通り。
①私たちの町を襲った元禄津波のことを，市民に知ってもらう
②市役所が行う津波対策について，できることとできないことを知らせる
③各家庭で行える津波対策を知らせる
④将来起こる津波予想を知らせる

　子どもたちは，自分が判断した方法が大切だと考える理由を主張する。
　「私たちの町も津波に襲われたことを知れば，各家庭で考えていくと思う」
　「それもいいけど，大規模災害では，私たちが考えている以上に市役所や消防署は機能しなくなることがわかった。それを知らせる必要がある」
　「各家庭での備えは大切だよ。3日分の備えがあれば大丈夫だそうだよ」
などの意見が出てくる。話し合っていると，
　「みんなが調べた情報は，どれも大切だよ。結局は，今以上に自助の意識が必要なんだよね。それを高める必要がある」という声があがるようになった。
　この後，地域の人々と対話をする場を設けることができた。子どもたち一人ひとりが自分なりに大切だと思う方法を伝えることができた。　　　　（粕谷）

5年／自然災害を防ぐ(2)

④多様な見方・考え方

地域の高齢化の様子から防災を自分事ととらえる

　本小単元では，自然災害が起こりやすい我が国の特徴と，それを防ぐための対策や事業の学習を通し，一人ひとりの防災意識を高めることを目的としている。ただ，一般的な教材では日本各地の先進的な防災事例や大規模災害については紹介されているが，災害を自分事ととらえ，防災意識の向上にまでつなげられているかには疑問がある。

　そこで，「災害って起きるの？」から「災害は起きる」，「守ってもらう」から「自分たちで守る」へと防災意識を向上させるような教材や発問がほしい。

◆Before◆
自然災害から人々を守るためどんな取り組みがなされているのでしょうか

「僕ならこう考えるよ」多様な見方・考え方を生み出す発問

◆After◆
災害に強い町にするために自助・共助・公助のどこを強化していくか

　社会的な見方・考え方の分類方法はいろいろあるようだが，①地理的②歴史的③人間と社会の在り方という３つの視点は必要不可欠だろう。

　そこで，単元の導入では地理的な見方として震央分布図から，歴史的な見方として元禄地震の被害を取り上げた。自分たちの生活している地域にもかつて大きな災害が起きたという事実は「災害は起きる」と思わせるのに十分であった。

　そこで，人間と社会の在り方を見せるため，国・県・町が連携した災害対策の様子や，道の駅の防災拠点化などの事例を取り上げた。その中で，高齢

者の避難が課題であることが見えてきた。

本実践を行った千葉県鋸南町は2016年4月現在で高齢化率が44.0%である。東日本大震災でも「逃げたくても逃げられない」高齢者が多数存在していた。1人でも多くの命が助かる「災害に強い町」にするため，自助・共助・公助の在り方を問うことを目的としてAfterのような学習問題にした。

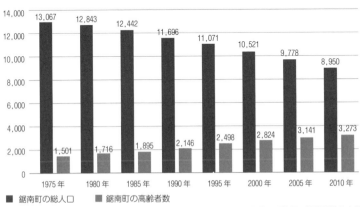

出典：千葉県　情報統計の広場

「公助は人手に限界がある」との意見から，自助と共助のどちらに重点を置くかの話し合いになった。「お年寄りが多いから共助」「お年寄り同士では助けられないから自助」など，高齢化を視点としながらも，多様な見方・考え方を引き出すことができた。最終的には「自助も共助も，自分にできることをしっかりとやることが大切」という意見になった。また，子どもの中には「自分たちにもできることがある」や「自分ができることをさがしてみたい」などという感想も見られた。

地理的・歴史的な事象から「災害は起きる」ととらえ，災害弱者を視点に人間と社会のかかわりを考えた子どもは「自分たちで守る」という考えをもつことができた。日本の国土の学習でありつつ，社会問題へとつながる地域の課題に目を向け，その在り方を考えたことにより「自分事」＝「防災意識の向上」へと意識を高めることができたと言える。

（石井）

6年／縄文のむらから古墳のくにへ

①経験をくつがえす

子どもの認識では納得できない歴史的資料をもとに，弥生時代のくらしの様子を追究する

　本小単元では，米づくりの広がりによって，むらとむらとの争いが広がり，力の強いむらが周辺のむらを従え，くにへと発展したという変化をとらえることをねらいとしている。それをそのまま「米づくりの広がりによってどう変化したか」という問題にしても，漠然としていて子どもの追究心をかきたてるものにはなりづらい。「田がたくさんになった」「米がつくりやすいように土地を工夫した」などとらえさせたいこととは違う予想も当然出てくるであろう。子どもがそれまでの認識をくつがえされるようなものと出会い，強く追究意欲をかきたてられるような教材やそれとの出会わせ方があるとよい。

◆Before◆
米づくりの広がりによって，むらの様子は，どのように変わったのだろう

「おかしいよ！」これまでの経験をくつがえす教材

◆After◆
なぜ，協力していたはずなのに，こんなひどいことをするような争いが起ったのだろう

　子どもたちは，ここまでに，縄文時代のくらしの様子をとらえている。また，5年の農業の学習において，現在の米づくりが機械化によって効率化されたこともとらえている。その事実をもとに，米づくりが伝わり，広がったころ，人々がどのように生活していたかを想像させる。子どもたちは「狩りなどをしていたころに比べると，安定して食べ物が食べられるようになったと思う」「このころは機械などなかったから，みんなで協力して米づくりをしていたと思う」などの考えを述べた。子どもたちは，米づくりの広がりに

よって,「安定したくらし」「協力して生活」といったイメージを弥生時代にもっているのである。

そこで,教師は2枚の写真を提示した。右はそのうちの1枚であり,「首のない人骨」。もう1枚の写真は,「矢じりのささった人骨」である。教科書にも類似した資料がよく載っている。

子どもたちは驚く。驚いたわけを尋ねると,一斉に手があがった。

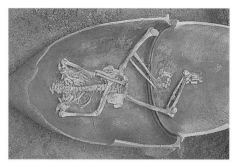

吉野ヶ里遺跡　出土人骨（佐賀県教育委員会）

「首が切られているのに驚いた」

「矢じりがささっているということは,戦いがあったっていうことだから,それに驚いた」

「なんでみんなで協力して米づくりをしているはずなのに,争いがあるの？」

もう子どもたちの中には,明確な問題が生まれている。そこで,教師は『どんな謎を解き明かしたいのかな？』と尋ね,「なぜ,協力していたはずなのに,こんなひどいことをするような争いが起こったのだろう」がつくられた。

子どもたちは予想する。ここでは,学習が苦手な子どもも得意な子どもも関係がない。けんかをしたことがある子どもなら,これまでの自分の生活経験で,だれもが参加できる。「米の取り合いになったのではないか」「米をつくるための,土地の奪い合いになったのではないか」どれも,人々の心情を考えた,よい予想である。また,むらをどのようにつくるかも予想できる。「敵が入ってこられないような柵をつくる」「強い者が,より大きなむらをつくる」そのような予想の正しさを確かめるために,子どもたちは夢中になって調べ,むらの様子の変化やくにの起こりをとらえていく。

このように,教科書の写真を中心教材として提示を工夫するだけで,子どもたちは追究意欲を高め,進んで調べ,認識を深めていくのである。　（大村）

6年／天皇中心の国づくり(1)

③怒りなどの心情に訴える

聖徳太子の置かれた状況から
このころの国づくりについて考える

　本単元では，飛鳥時代から奈良時代にかけての天皇中心の国づくりの様子について学んでいく。6年から始まる「歴史」の学習に多くの子どもは興味を示し，狩りや採集を行う縄文人の様子を調べたり，弥生時代の米づくりの様子を考えたりしながら主体的に学習に取り組む。

　しかし，本単元になると国のしくみや制度といった抽象的な内容が増え，興味をもって歴史学習に取り組んでいた子どもたちの関心が薄れ，難しいと感じ始める子どもも少なからず現れてくる。

　そういった中で本単元を学ぶ子どもたちには，当時の状況を想像することをやさしく感じられる発問で学習を進められるようにしたい。

◆Before◆
天皇中心の国づくりはどのように進められたのだろう

 「ひどい！」怒りなどの心情に訴える発問

◆After◆
豪族のわがままを押さえるために太子はどんなことをしたのだろう

　当時，豪族が世の中に影響を与えた2つの出来事を紹介する。
①新しく大陸から日本に伝わった仏教を受け入れるか，受け入れないかを豪族の戦争の勝ち負けで決めた（蘇我氏と物部氏の崇仏をめぐる戦い）
②思い通りにならない天皇を豪族が殺害（蘇我馬子が黒幕と言われる崇峻天皇の暗殺事件）

　子どもたちは，巨大な古墳をつくらせた天皇（大王）の存在を前単元で学習しているため，①については「なぜ天皇が決めないのだろう？」，②につ

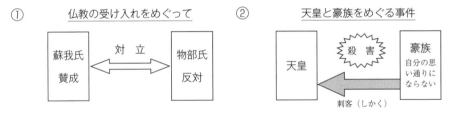

いては「なんで」「ひどい」などの声が子どもたちからあがる。

こういった中，聖徳太子は，日本ではじめて女性で天皇の位についた推古天皇の政治を助ける役目の立場になったということをまず，押さえさせる。物事を豪族が決めてしまったり，天皇も殺害されてしまったりするような状況。『聖徳太子は，豪族のわがままを押さえるためにどんなことをしたのだろう？』という発問で授業を進めれば，子どもたちは自然な流れで，この時代の国づくりの学習に入っていける。

まずは「冠位十二階」。家がらにとらわれず，功績や能力のある者に位を与え，重く用いようとしたこの制度は，家がらにとらわれていた豪族の考えを牽制する意味でも重要な政策だったことに子どもたちは気づく。また，実際に遣隋使として活躍した小野妹子は，最初大礼（5番目）の冠位だったが，隋から帰国後最高位の大徳を与えられたと言われているエピソードなどもつけ加えれば，実際に功績に従って冠位が与えられていたことを具体的にとらえることができる。

そして「十七条の憲法」。まさにこの第一条が「和をもって貴しとなす」である。「和を大切にし，人と争うことのないようにしなさい」という考えは，豪族同士の勝手な争いを止めさせ，聖徳太子が天皇中心の国づくりを進めるうえでの大切な考え方が示されたといえる。

このように聖徳太子の政策を「豪族のわがままを押さえるために」という視点で子どもたちに追究させることで，豪族が力を振るっていた時代を生きた聖徳太子の考えに思いを寄せることができると考える。

（渡邊）

6年／天皇中心の国づくり(2)

⑤価値の対立

「自分だったら遣唐使船に乗るか」判断することを通して，遣唐使が命がけで大陸の文化を学んでいったことを実感的に理解する

　大仏づくりは，聖武天皇の仏教の力で国を救おうという目的のもと，のべ260万人以上の人々によって9年の歳月をかけて行われた。その背景には，仏教の教えや先進的な皇帝中心の政治のしくみなど，大陸の文化の影響があった。大陸の文化を取り入れるために派遣された遣唐使は，命がけの航海を乗り越え，貴重な文化や文物を日本にもたらした。

　大仏づくりに関しては，「当時の人々は大仏づくりに進んで参加したか」判断し，討論することを通して，その目的や様子を学ぶ授業が数多く実践されている。ここでは，島本恭介氏（元横浜市立本牧小学校校長）の実践をもとに，ズバリ「自分だったら遣唐使船に乗るか」と切り込み，当時の日本の人々が，命がけで大陸の文化を学んでいったことを実感的に理解させたい。

◆Before◆
聖武天皇は，どのような目的で大陸との交流を行い，日本はどのようなことを学んだのだろうか

「私はこっちの立場なんだけど…」価値の対立を引き起こす発問

◆After◆
自分だったら遣唐使船に乗るか

　前時に，大仏づくりは，大陸の文化の影響を受けていたことをとらえた子どもたちは，大陸の文化を取り入れるために派遣された遣唐使について興味をもった。そこで『もし遣唐使船に乗れといったら乗るか？』と発問すると，反応は様々であった。そこで，自分の名札マグネットを「自分だったら遣唐使船に乗るか」と書かれた小黒板に貼らせた後，2日後の本時までにそれぞ

れ理由を考えてくるように投げかけ，授業を終えた。
　この2日間に子どもたちは，それぞれ遣唐使船についての事実を調べてきた。そして，その事実に基づいて判断し直した子どももいた。具体的には，乗るという子が半数以上だったのだが，乗らないという子が増えたのである。以下，本時の様子である。

『何で乗らない方に変わったの？』
「船が難破することがあり，航海は命がけでしたとあって，危険なことはわかっていたけど，その生還率を調べたら五分五分だったのね。教室の半分，こっちのみんなはみんな死んでしまう！」
「私も乗らない。難破して運良く上陸しても，朝鮮と関係がよくなかったので，地元の住民に略奪され，殺された人たちも多かったんだって」
「阿倍仲麻呂という人のこと調べたんだけど，せっかく唐に行って勉強したのに，日本に帰れなくなるのはいやだ。意味がないよ」
「でも，僕は乗りたいな。唐には日本がほしい文化がたくさんあるから。大仏をつくるような建築技術とか税や政治のしくみとか…」
「仏教の教えだってわざわざ鑑真を呼びよせたくらいだから，唐が世界の最先端だったんじゃないかな」
「帰ったら日本をつくるエリートとして出世できるし。だから乗りたい！」
「そんな甘いこと言って！　死ぬのこわくないの！」
「確かに多くの人が死んだのも事実だけど，そのころの日本にいても貴族の争いや天然痘や飢饉で大変だったでしょ。命を落としていたかもしれない。だから，僕は遣唐使船に乗って大陸の進んだ文化を取り入れて，日本の役に立ちたい！　遣唐使のような人がいなかったら今の日本はなかったよ」
「けれど，せっかく唐に着いて猛勉強して，大陸の文化を取り入れても，帰って来られなかったら意味がないよ！　でも…」
　乗らないという子どもたちの意見も，命がけで大陸の文化を学んでいったこととその意義について考える重要な役割を担っていることがわかる。

（由井薗）

6年／貴族のくらし

①経験をくつがえす

前時代と比較して納得できない歴史的資料との出会いから，平安時代の貴族のくらしを追究する

　本小単元では，平安時代の貴族が栄えていたころ，日本風の文化が起こったことがわかることや，それらにかかわる人々の願い，代表的な文化遺産の意味について考えることをねらいとしている。

　しかし，前時代である奈良時代において，聖武天皇を中心とした大仏づくりやその時代の様子を学んできている子どもたちにとっては，「どのような文化が生まれたのか」という問題よりも前に，納得がいっていないことがある。それは，なぜ天皇ではなく，貴族が世を動かすような力をもったかということである。それを追究せずに，いきなり文化について追究させようとすると，教師の意図に合わせることが学習であるという意識をもってしまいかねない。子どもが素直にもつであろう疑問を浮き彫りにし，それを追究することで文化につながっていくような教材提示が必要であろう。

◆Before◆
貴族が栄えていたころ，どのような文化が生まれたのだろう

 「おかしいよ！」これまでの経験をくつがえす教材

◆After◆
なぜ，天皇ではなく，貴族が世を思い通りにできるほど栄えたのだろう
貴族はどんなくらしをしていたのだろう

　教科書には，必ずと言っていいほど，藤原道長の詠んだ歌が資料として記載されている。ただ，子どものこれまでの学びをくつがえす貴重な資料であるにもかかわらず，疎かにしてはいないだろうか。そこで，子どもが当然抱くであろう疑問から追究できるようにこの歌を取り上げた。

まず，この歌を提示し，その意味を紹介した。そして，奈良時代と比較して思ったことを話し合うと，子どもは，すぐさま疑問を発言し始めた。「天皇が偉か

> 「この世をば　わが世とぞ思う
> 望月の　欠けたることも
> なしと思えば」

ったんじゃないの」「なぜ天皇ではないのに，世の中は自分のものみたいな歌を詠んでいるの」この歌に向き合えば，奈良時代に聖武天皇について学んだ子どもにとってはそこが大きな問題なのであり，本来，そこを抜きにして，文化に問題はいかないはずである。

ここで，「なぜ，天皇ではなく，貴族が世を思い通りにできるほど栄えたのだろう」という問題がつくられた。子どもは，天皇に気に入られていたのではないか，天皇が政治を任せたのではないかなどの予想をし，その予想が正しいのかという視点で，意欲的に調べていった。そして，天皇を中心におきながら，実際はその周辺の貴族が政治を行っていたことや，道長が娘を天皇の妃としてつながりを強め，摂政となったこと，その後，一族を重要な役割につけて権力をもち続けたことなどをとらえ，問題を解決していった。

その後，寝殿造や貴族の服装の様子を提示すると，子どもたちは，「それだけ偉くなったんだから，贅沢な暮らしをしていたんだろうなあ」「貴族の服装って，戦っているイメージがあまりないけれど，何をやっていたのかなあ」「女の人も，十二単で毎日過ごしていたのかな」など，その当時の権力者である貴族の生活や文化に興味をもち始めた。ここで，「貴族はどんなくらしをしていたのだろう」という問題がつくられ，貴族の生活を調べる中で，国風文化の起こりや内実が見えてきたのである。

このように，子どもが自然に疑問をもつであろうことを導入にすることが，子どもたちの意欲を高め，歴史的事象を関係づけて追究する力を高めるのではないだろうか。

(大村)

6年／武士の世の中へ(1)

②数量に対する驚き

味方する兵が激増した理由を考えることで
源氏の勝因やご恩と奉公の関係について実感的に理解する

　平氏や源氏といった武士団が力をつけ，平清盛が貴族に代わって政治を動かすようになったことを調べた子どもたちは，その後，源頼朝が平氏を倒すために挙兵し，形勢が逆転していった過程や頼朝が鎌倉に幕府を開いたことを理解していく。

　形勢が逆転していった背景に，多くの武士が源氏側についたという事実がある。1180年に源頼朝が挙兵し，平氏に敗れた石橋山の戦いと，その２か月後に平氏を破った富士川の戦いを見ると，挙兵時わずか約300人だった源氏の兵力はわずか２か月で約20万人に激増している。そもそも，武士たちは「なぜ」源氏側についたのだろうか。

　このような「なぜ」という問題を子どもたちとともにつくり，問題を追究していくことにより，源平合戦で源氏が平氏に勝利したことや，ご恩と奉公の関係で武士たちを従えた鎌倉幕府の支配体制について実感的に理解できるのではないかと考えた。

◆Before◆
　武士はどのようにして勢力をのばし，源氏と平氏の争いは，どのような結果になったのだろうか

「えっ，そんなに？」数量に対する驚きを呼び起こす教材

◆After◆
　なぜ源氏に味方する武士がわずか２か月で激増したのか

　1159年に平治の乱で敗れ，伊豆に流された源頼朝が，1180年８月17日に打倒平氏を掲げて挙兵する。その後８月23日，石橋山の戦いが行われたが，源

氏の兵力は約300人，それに対して平氏は約3000人。ここで子どもたちに結果を問うた後，平氏の勝利であったことを伝える。「やはり平氏の世の中だ。この年に，孫が天皇になっているよ」「平清盛はちゃんと警戒していたんだと思う。10倍の兵を差し向けるんだから」と子どもたち。『じゃあ，次の富士川の戦いは？』と問う。「もっと兵を増やすと思うよ。頼朝だって反撃するもの」。『その通り。富士川の戦いの平氏の兵力は…（30000人と1の位から板書する）』。「えーっ！」「清盛は本気だ！」「でもこの戦いは源氏が勝ったみたいだよ。頼朝が平氏を破るって書いてある」。子どもたちの反応を聞きながら，『源氏の兵力はどれくらいだったのだろうね…？』と発問する。

		源氏	平氏
1185年8月23日	石橋山の戦い	×300人	○3000人
⇩2か月後			⇩10倍！
1185年10月20日	富士川の戦い	○？	×30000人

「絶対に増えているはずだ」「3万人に勝ったんだから」子どもたちの声が途切れたところで，黙って富士川の戦いにおける源氏の兵力を1の位から板書する。「えーっ！ 20万人！？」「どんだけ増えてるの？」すかさず『なんで"えーっ！"なのよ』と切り返す。「だって"平氏でなければ人じゃない"とか言って平氏が威張っていて不満があったからって…」「そうそう，平氏が貴族と同じようなことをしていたからって，そこまで嫌われるかなぁ」「なんでこんなに味方が増えたんだろう？」「この2か月に何が起きたんだ？」このような子どもたちの驚きの声をつなげていくことにより，学習問題をつくることができた。

「源頼朝は，武士にとって大切な領地を認めることを，味方についた武士たちに約束したみたい。だから，源氏が平氏を破ることができたんだね」。

（由井薗）

6年／武士の世の中へ(2)

④多様な見方・考え方

頼朝と義経の立場になって「義経討伐」を考え，鎌倉幕府の目指した政治への認識を深める

　本単元は，朝廷の警護や貴族を守る仕事をしていた武士が頭角を現し，武家政権を樹立したことを学ぶ単元である。源平の戦いで勝利した源氏による政権は，「ご恩と奉公」と呼ばれる将軍と御家人の関係を基盤として成り立っている。朝廷の官位を最大限利用して貴族化した清盛の平氏政権とは異なり，将軍になった頼朝を頂点とした新たな支配体制（封建制）を目指したことに，武家政権を学ぶ価値がある。

　このような視点で封建制を考えたとき，義経が勝手に朝廷から官位を受けたことや頼朝の遣わした軍監（梶原景時）の意見を重視しなかったことと，自身を中心とする新たな支配体制を築きたい頼朝との確執を学ぶことは，封建制のしくみと朝廷（後白河法皇ら）から武家政権（封建体制）への政権交代を学ぶことにつながる。

　Before のように単純に問うのではなく，2人の人物を追うことで意欲的に学習問題を追究できる。鎌倉幕府以降，室町幕府や江戸幕府へとつながっていく武士の支配と朝廷の関係は，明治維新を迎えるまで，武家政権の700年の根底をなしてきたことを学ぶ重要な機会である。

◆Before◆
頼朝は，どのようにして武士を支配していったのだろうか

 「僕ならこう考えるよ」多様な見方・考え方を生み出す発問

◆After◆
頼朝と義経の立場から義経討伐を考えよう

　最初に，頼朝と義経の肖像画から2人のイメージを述べ合い，調べる課題

を行う。「義経に比べて,頼朝の服装はとても偉そうだ」「頼朝の表情は堂々としている」肖像画の表情や服装から子どもたちはいろいろなことを想像する。安田靱彦の歴史画と安田の解説を紹介するのもよい。頼朝が腹違いの兄で義経が弟であることや,ともに平氏を倒すために戦ったことを話し,源平の合戦の学習に移る。

次に,源平合戦での頼朝と義経の動きを知る。源頼朝の挙兵と義経の合流,義経の戦い「一の谷」「屋島」「壇ノ浦」,頼朝の政治「鎌倉」「幕府組織」「ご恩と奉公」「征夷大将軍」を学ぶ。その都度「頼朝と義経とどちらに共感できるか」ノートに記述させるのもよい。2人の活躍の具合で毎時間感想は変わるのだが,どちらに共感できるか問うことで,子どもは自分の考えをもちやすくなり,発言をしたり,感想を書いたりしやすくなる。主体的な学びが生まれる。

頼朝の義経討伐を取り上げ,頼朝と義経のどちらに共感できるのか問うとともに,4つの観点で考えていく。
①頼朝の目指した体制,ご恩と奉公
②義経の活躍と頼朝への謝罪
③頼朝から見た義経
④義経から見た頼朝

最後に,話し合いを受けて自分の考えを整理する。子どもは大いに悩みながらも義経に同情も寄せたり,武士の支配には頼朝の政策は必要だと考えたりする。ここで閉じてもよいが,もう一工夫するならば,同僚など大人の意見を数名分用意するとよい。大人でも2人に対する理解や感情は分かれていることを子どもたちに紹介することで,今後も問い続けていこうという気持ちになる。

「頼朝は,将軍を頂点とする武士の政治のはじまりを築き上げ,義経は,"判官贔屓"に見られるように,日本人の心の中にずっと残ってきた」とまとめたい。2人の人物を追いながら武士による政治体制(封建制)を理解するとともに,日本人の心に強く刻まれている事例として興味深い。　（粕谷）

6年／武士の世の中へ(3)

②数量に対する驚き

わずかな兵で戦いを挑んだ武将への驚きを呼び起こす発問から，鎌倉時代のしくみと滅亡の関係に迫る

　本小単元では，鎌倉時代，武士による政治が始まり，将軍と御家人が「ご恩と奉公」の主従関係で結ばれていたことや，北条時宗の時代に元軍が二度攻めてきて，何とか退けたが，ご恩と奉公の関係が崩れて，幕府の滅亡へとつながったことを関係づけてとらえることをねらいとしている。

　しかし，Before のような問題は，そのことを直接問題として言葉にしただけであり，子どもの追究意欲は高まらない。子どもが追究したいことを追究した結果，とらえるべきことをとらえられるような教材と発問ができないかと考えた。

◆Before◆
頼朝は，どのようにして武士たちをしたがえていったのだろう
鎌倉幕府はどのようにして，元と戦い，その後どうなっていったのだろう

「えっ，そんなに？」数量に対する驚きを呼び起こす発問

◆After◆
竹崎季長は，なぜたったの5騎で元軍に戦いをいどんだのだろう
竹崎季長は，なぜ，ほうびがもらえなかったのだろう

　元寇のときに活躍した武将である竹崎季長は，教科書でも取り上げられている。竹崎季長は，たったの5騎で元軍に戦いを挑んだという記録が残っており，その理由は当然，「いざ鎌倉」の精神で仕え，ほうびをもらうという「ご恩と奉公」の関係によるものである。しかし，懸命な働きにもかかわらず，季長はほうびをもらえない状況となる。たった5騎で戦いに挑むという「ありえない数」に対する驚きと，ほうびがもらえなかった驚きの2つで問

題をつくることで，ねらいに迫れるのではないかと考えた。
　まず，導入において，教科書によく資料として載せられている「蒙古襲来絵詞（元軍に戦いを挑む竹崎季長が描かれた絵）」を提示し，次のように説明した。「これは，鎌倉時代に，元軍，今のモンゴルが攻めてきたときの絵です。元軍は，とても強く，兵は３万人いたと言われます。それに対し，竹崎季長という武将は，なんと，たったの５騎で戦いに挑んだという記録が残っているよ」。
　子どもたちは，その数の少なさ，相手との数の違いに「えー‼」と驚く。そこで『何がそんなに"えー‼"なのか，その理由を教えて』と発問すると，「だって，勝てるわけない。無茶しすぎだよ」「なぜそんなことするの？」という声があがった。ここで，「竹崎季長は，なぜたったの５騎で元軍に戦いをいどんだのだろう」という問題が生まれた。このわけを追究することで，鎌倉時代の武士たちが「ご恩と奉公」の関係で結ばれていたこと，手柄を立てれば立てるほど，領地をもらえるという関係であったことをとらえていった。
　その後，さらに，『なんと，竹崎季長，こんなにがんばったのに，そのときはほうびをもらえなかったそうです』と説明すると，子どもたちはまた，「えー‼」と驚く。そこで，『納得できないこと，知りたい『はてな』は何かな？』と発問すると，「約束が違うでしょ。かわいそうだよ。なぜそんなことになったのか，その理由が知りたい！」などの声があがる。ここで，「竹崎季長は，なぜほうびがもらえなかったのだろう」という問題がつくられた。このわけを追究することによって，元軍を追い返しただけで，新たな土地を得たわけではないので，ほうびとして与えられる土地がなかったことをとらえた。
　そこで，さらに追加発問をした。『ほうびがもらえなかったら，武士たちはどうなると思う？』「腹を立てて不満を言う」「ぼくが武士なら，幕府を倒そうとする」これが事実かどうかを調べることで，子どもたちは幕府の滅亡の事実とその要因までを関係づけてとらえることができたのである。このように，導入はたった１枚の絵であっても，素直な疑問を引き出す発問により，子どもは意欲的に歴史的事象の事実や関係を追究していくのである。（大村）

6年／武士の世の中へ(4)

⑤価値の対立

金閣と銀閣の外見を比べる活動から，義満と義政の政治への認識を深める

　室町時代の学習の特徴は，他の時代に比べて文化的な側面に重きを置いていることである。それは，生け花や能，書院造などの文化が現在にもつながっているからである。しかし，ともすると，室町幕府の政治が軽く扱われ，前後の時代とのつながりが希薄になってしまう恐れがある。小学校の歴史学習が人物中心だから，時代の流れはほどほどにという意見もあるが，文化だけでは鎌倉時代からのつながりや，戦国時代がどうして始まったのかということがわからなくなる。室町時代の学習を少し考え直したらよい。

　そこで，3代将軍の義満と8代将軍の義政の2人の将軍に焦点を当てる。2人の将軍を調べると，性格も当時の幕府の権力の大きさも極めて対照的だと言ってよい。室町幕府の隆盛を極め，南北朝を合一した義満の時代から，群雄割拠の戦国時代へとつながる応仁の乱のきっかけをつくってしまった義政の時代を学ぶことで，室町時代から後の3人の武将の学習へのつながりがつかみやすくなる。そこで，2人の学習によい導入となるのが，金閣と銀閣である。金閣と銀閣は，まるで2人の権力や性格の違いを象徴しているかのような建築物だからである。子どもたちはこのような金閣や銀閣が建てられた背景を豊かに想像することで，義満と義政の学習を深めるきっかけとなる。

◆Before◆
金閣と銀閣を比べて，気づいたことを話し合おう

 「私はこっちの立場なんだけど…」価値の対立を引き起こす発問

◆After◆
なぜ金閣は名前の通り金色なのに銀閣は銀色をしていないの

金閣と銀閣の写真を掲示し，どちらが好きか問う。名札マグネットを用意し，写真の下に貼らせるなどすると，全員がさらに真剣に考えて授業に参加できる。子どもたちに理由を問う。
『どうして，金閣が好き，銀閣が好きと考えたのですか？』
「僕は金閣だけど，光っていてきれいだから」「金色で豪華だから」
「私は銀閣だけど，なんだか落ち着いているから」「金閣は派手すぎる」
　子どもたちに自由に意見を言わせると，次のような意見が必ず出てくる。
「どうして，金閣は名前の通り金色なのに，銀閣は銀色をしていないの？」
　これが，本当の学習問題になる。最初は「どちらが好き？」と問うておいて興味をもたせ，子どもたちの中から意見を引き出し，本当の学習問題をつくっていくのである。「お金がなかったんじゃないか」「貼ってあったけど，とれてしまったのではないか」「金閣をまねて銀閣をつくったという意味で色は関係ないのではないか」など，いろいろな予想が出てくる。
　そこで，金閣と銀閣のわきに足利義満と足利義政の肖像も貼り，彼らがつくったことを知らせる。すると，子どもたちはさらに意見を重ねる。「義満は着ている服も金色じゃないか」「お金持ちみたい」「それに比べて義政の方は地味だなぁ」「少し，顔も暗いね」「義満の方は丸い顔をしていておいしいものを食べているんじゃないか」などの意見が飛び出して，教室に笑いが起こる。さらに，2人とも室町幕府の将軍であることを伝えると，「同じ将軍なのに，着ているものが全然違う」「同じ位とは思えない」など驚きが出てくる。そこで，次の時間までに，義満と義政について調べてくるように子どもたちに伝える。
　興味をもった子どもたちは，本当によく調べてくる。調べたことを生かして義満の政治と義政の時代の室町幕府の違いを明らかにする。また，金閣と銀閣の構造の違いもまとめる。最後にもう一度，どちらが好きか問うてみる。すると，銀閣と答える子どもも意外と多い。義政への同情や銀閣の書院造が現在にもつながっていることを理由にあげる。単元前に比べ，子どもの判断も深くなっている。

（粕谷）

6年／3人の武将と天下統一(1)

④多様な見方・考え方

3人の武将の功績を通して
江戸時代が開かれたことについて考える

　本単元では，戦国の世の中から江戸時代が開かれるまでを学習する。この時代に活躍し，時代をつくってきた人物として，織田信長，豊臣秀吉，徳川家康の3人が主にあげられ，3人の武将中心に単元を展開する。

　この単元の主なストーリーとして，「長篠合戦図」から，「織田・徳川連合軍」VS「武田軍」の戦いの戦法の違いについて調べる。その後，織田信長，豊臣秀吉，徳川家康の3名が行った業績について1人ずつ調べていき，「江戸時代の3人の武将新聞」などにまとめるという展開が多い。

　3人の武将を中心に取り上げつつも，視点は江戸幕府を開くまでの過程から離れないようにしたい。「鳴かぬなら…」に代表されるように，3人の人柄のところで止まってしまうことも考えられる。導入では「鳴かぬなら…」で人柄中心に学習をしつつも，その人柄からどのような仕事を行い，時代を切り開いていったのか見つめ，主体性をもって深く学ばせたい。

◆Before◆
3人の武将はどのようなことを行い，江戸幕府を開いたのだろう

「僕ならこう考えるよ」多様な見方・考え方を生み出す教材

◆After◆
3人の武将は，長篠の戦いに勝ち，どのようなことをして新しい時代を築いていったのだろう　〜新しい時代を築いたすごい人はだれか〜

　3人の武将は「長篠の戦い」で武田軍に勝利をおさめ，新しい時代を開く。しかし，その意欲の注ぎ方は織田，豊臣，徳川，三者三様である。
　「長篠の戦い」を読み取り，3人がどんなことを行ってきたのかというこ

とを教科書や資料集から調べる。そのうえで、子どもたちに3人の武将の中で、だれが新しい時代を築いたのかという問いに対して、自分の考えをまとめさせる。

織田派、豊臣派、徳川派と分かれて、それぞれ調べたことについて話し合いを行う。3人それぞれがどのような思いで時代を築いてきたのか、また、織田派は信長が豊臣や徳川から比べて人々に影響を与えて時代を変えていったのか見つめるようになる。

それを踏まえたうえで、話し合い（討論）の会を行う。

○織田信長派
　「だれでも自由に商売をできるようにして、商工業を盛んにしたことは今の時代にも続いている」
　「新しい戦法で戦に勝ち、勢力を広げて新しい時代をつくった先駆けであり、3人の中でも一番すごい」
○豊臣秀吉派
　「検地をしたことは米のとれだかを調べることにつながり、今にもつながる。計量カップやものさしなど今でも長さや量を測れるもとをつくった」
　「朝鮮出兵を行ったが失敗している。しかし、朝鮮の文化を取り入れることを行った。例えば、有田焼のもとはこのときから始まった」
○徳川家康派
　「260年にも及ぶ江戸幕府の基礎を築いた」
　「江戸に大規模な工事を行い、幕府を築いたが2年で将軍の座を譲る」

というような話し合いが行われる。中心は、新しい時代を築くのにだれが一番力を発揮したのか、3人の武将が行ったことはだれに対してどのような意図で行われたことなのか話し合いになっていく。

子どもが主体的に対話をし、歴史的事象を深く学ぶことができる学習活動である。3人の武将が新しい時代を拓くためにどのようなことを行い、力を発揮したのか。子どもたち同士で学び合い、主体的に深く学べる授業になる。

（須賀）

6年／3人の武将と天下統一―(2)

④多様な見方・考え方

安土城の城下町を行き交う様々な人々の視点から信長の業績について多面的に考える

　商業を盛んにし，豊富な資金をもとに大量の鉄砲をそろえるとともに，当時強い力をもっていた仏教勢力に対抗するためにキリスト教を保護し，天下統一をめざした織田信長。この信長ならではの功績を，より実感的に理解するためにはどうすればよいのだろうか。

　教科書や資料集などに掲載されている，安土城の城下町の様子の想像図には，「他の大名」「農民や商工人」「南蛮人」といった様々な人々が描かれている。そこで，この絵画資料を活用して，安土城の城下町を行き交う様々な立場の人々の視点から信長の評価を語らせることにより，信長の業績について多面的に考える授業を提案したい。

　「他の大名」の視点は政治的側面，農民や商工人の視点は経済的側面，「南蛮人」の視点は外交的側面につながる。子どもたちが，このような政治・経済・外交といった見方を身につけると，江戸時代の徳川家光や明治時代の大久保利通などの人物の業績について，多面的に考えていくことができるようになる。

◆Before◆
織田信長は，天下統一をめざしてどのようなことを行ったのだろうか

「僕ならこう考えるよ」多様な見方・考え方を生み出す教材

◆After◆
信長が他の大名と違ってすぐれていたところは何か

　教科書や資料集に掲載されている信長の勢力地図を読み取り，勢力の広がりについて話し合った。「最初は尾張の小大名だったのに，1582年には，関

東や中国地方まで勢力が広がった」「鉄砲隊で大名を倒していった。他の大名はなぜ鉄砲を使わなかったんだろう…」「鉄砲1丁の値段が高かったり，火縄銃だから雨の日には使えなかったり…」「それにしてもたくさん大名がいるのに，なぜ信長だけこんなに勢力を広げられたのだろう」このような子どもたちのつぶやきを広げていくことで『信長が他の大名と違ってすぐれていたところは何か』という学習問題をつくった。

　子どもたちは，信長の政策と目的を教科書や資料集などで調べ，ノートに整理していく。整理したものを出し合うときに，「安土城の城下町の様子（想像図）」に注目させ，「他の大名に対して」「農民や商工人に対して」「南蛮人に対して」の3つに整理し直した。そこから，「大量の鉄砲や軍船」「楽市・楽座や関所の廃止，一向宗の農民を撃滅」「キリスト教の保護や南蛮貿易」という信長ならではの先進的な政策が見えてきた。

　そこで，『他の大名，農民や商工人，南蛮人は，信長がすすめてきたことについて，どのように思ったのかな？　いろいろな立場に立って考えてみよう』と発問し，安土城の城下町に行き交う様々な立場の人から信長の政策に対する評価を考える活動を行った。それぞれの立場から吹き出しをノートにつくって語らせるのである。

○他の大名	「戦に強くて勝てそうにない」「貿易などを独り占めしているからだ」「従うべきかな…」
○農民，商工人	「団結して自分たちで地域を治めてきたのに…」「商工業が発展するチャンス！」
○南蛮人	「キリスト教を広めるチャンス！」「日本と貿易して儲けたい」「敵にすると怖い日本人だ」

　それぞれの語りを互いに交流し合った後，信長が他の大名と違ってすぐれていたところについてさらに話し合い，問題に対する多面的な思考の深まりを確認した。この視点は，この後天下をとった秀吉にも受け継がれていく。

(由井薗)

6年／江戸幕府と政治の安定

④多様な見方・考え方

様々な立場から江戸幕府の政策を考え，幕府の政治に対する考えを深める

　江戸時代の学習は，幕府の政策である参勤交代，鎖国，身分制度に加えて町人文化などの内容を学んでいく。子どもたちは身分制度や参勤交代，鎖国など，現在とは異なる政策に驚きながら学習していく。それらの政策を学ぶと「江戸時代は大変だったなあ」と感想を述べることが多い。子どもたちなりに現在と比べて感想をもつことは重要である。

　しかし，「大変だったなあ」という感想では物足りない。やはりここは「封建制」の特色を実感させ，明治維新への民主的な時代への移り変わりを学ばせたい。そこで，教材としては家光将軍就任の際の言葉「生まれながらの将軍」を紹介する。子どもたちは圧倒的な権力に驚く。そこで，江戸時代は「長く続いた平和な時代」か「幕府が強くて過ごしにくい時代」かを子どもたち一人ひとりに判断させながら学習を進めていく。当然，参勤交代について学べば「過ごしにくい」に偏り，元禄文化を学べば「平和な時代」「町人には自由があって過ごしやすい」と考える。いったいどんな時代なのか考えながら学習することで，多様な見方・考え方が育ってくる。

◆Before◆

　徳川家光（江戸幕府）はどのようにして，幕府の力を強め，人々を支配していったのだろうか

▼「僕ならこう考えるよ」多様な見方・考え方を生み出す教材

◆After◆

　家光はどうしてそんなに強い言葉を言えたのか？「長く続いた平和な時代」か「幕府が強くて過ごしにくい時代」か様々な立場から考えよう

第１次に，奈良時代・平安時代・鎌倉時代・室町時代・安土桃山時代・江戸時代の長さを黒板に掲示して比較し，どうして江戸時代がこのように長く続いたのか疑問をもたせる。徳川家光の大名に対する言葉（生まれながらの将軍）を読み，どうしてこのように強い力をもつことができたのか考える。260年あまりの幕府の歴史と合わせて疑問に思う。そこで，江戸時代は長く続いた平和な時代だったのか，その逆か。「江戸時代はどのような時代だったか」意見をもちながら学習を進める計画を立てる。第２次として，幕府による大名支配を調べる。幕府に対して反乱を起こしそうな外様大名の位置を学ぶとともに，ポイントとしてすべての大名の石高の合計は天領を上回っていることに気づかせ，幕府が大名支配に気を配っていることをつかむ。第３次として幕府による人民支配を調べる。キリスト教を禁止にした理由と島原の乱，士農工商や百姓の生活の心得を調べ，町人文化について調べる。子どもたちは，農民の生活の厳しさと町人の豊かさに驚く。

　そして第４次に，将軍・大名（武士）・農民・町人の立場に分かれて，江戸時代はどんな時代だったか述べ合う。すると，将軍グループの子どもは「身分制度やキリスト教禁止などを工夫して，だれも逆らうことができなくなった。わたしにとってはよい時代」と述べ，農民は「百姓の生活の心得には，農民は生かさず，殺さずなんて書いてある。人間の扱いをされていない。他の身分はいいよな」と言う。しかし大名も「農民ほどではないかもしれないが，大名だって参勤交代で無駄にお金を使わされる。結婚も自由にできない。生活だって監視されている」と意見を述べる。町民は「私たちは，工夫次第でお金も儲けられるし，歌舞伎などの娯楽もある。幕府が強かったおかげかもね」などと幕府を擁護する。しかし，「財政に困った幕府は天保の改革で歌舞伎役者を追放したりと，娯楽を取り締まったよ」という意見も飛び出し，場が盛り上がる。子どもたちは，自分たちで調べたことをもとに多様な意見を言う。協働していく中で次第に江戸幕府の政治は「幕府」のための国づくりであることに気づいていく。江戸幕府を倒した人々はだれのための国づくりをしていくのか，明治時代の課題へとつながる。

（粕谷）

6年／町人の文化と新しい学問(1)

①経験をくつがえす

今と昔の違いを知ることから生まれる学習問題

　本小単元は，平和で安定した政治がおよそ260年も続いた江戸時代に，町人文化や蘭学・国学を代表とする学問が花開いたことを調べることを通して，人々の生活が変化していったことをとらえていく。中でも，蘭学の発展は，幕末から明治にかけて花開く西洋の学問の礎となった。特に，杉田玄白が解体新書を翻訳し発行したことは，医学の発展はもとより，当時の人々の認識を大きくゆるがす出来事であった。しかし，人の体の構造について知っていて当たり前の世の中に生きる子どもたちには，その功績を理解することは難しいであろう。ここでは，18世紀以前の医学の様子について知ることのできるような教材や手立てが求められる。

◆Before◆
江戸時代には，どのような新しい文化や学問が生まれたのでしょう

「おかしいよ！」これまでの経験をくつがえす教材

◆After◆
杉田玄白は，どのようにして新しい学問を開いていったのだろう

　授業は，江戸時代の医療についてのクイズから始める。まずは「2」と書かれたパネルを出す。『これは，江戸の町の医療に関係のある数字です。何が"2"なのでしょう。正解は…』パネルの隠れている部分をめくると，そこには「病院の数」と書かれている。驚きの声とともに，江戸の町の人口を知ろうと資料集を開き始める子どもが出てくる。次は「ない」と書かれたパネルを出す。『江戸時代のお医者さんには，今は当然あるものがありませんでした。何でしょう？』「お給料？」「白衣！」「お休み！」「やる気？」中に

は，的を射ているような意見も出てくる。再び隠れている部分をめくると「試験」と書かれている。さらに驚きの声があがる。「じゃあ，だれでもやりたければ医者になれたってこと？」「ちゃんと勉強してない医者にみてもらうなんて不安で仕方がない」少しずつ，子どもたちは当時の人に近づいていく。

そこで，資料を提示する。右の写真は，中国の書物を参考にして描かれた人体図絵である。江戸時代中期ごろまで，医者もこのような人体図絵を参考にしていた。絵をよく見ていくと，「肺」や「心」，「胃」などの文字が見えてくる。「肺ってこんな形だったっけ？」「心は，心臓のことだと思うけど，すごく大雑把に書かれている」「腸もぐにゃぐにゃしてる感じはわかるけど，こんな風になってないはず」子どもたちはいてもたってもいられなくなり，理科の教科書を探し始めた。

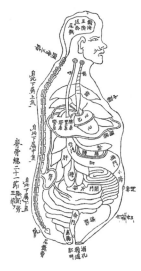

「和漢三才図絵・上ノ巻」
498頁　国立国会図書館
デジタルコレクションより

人体のつくりの学習で使う人の体の中の様子を表した絵と江戸時代の人体図絵とを見比べながら，「肺の形がおかしいよ」「肝って書いてあるからこれは肝臓のことかな」などの声があがる。じっくりと見比べていくと，「漫画みたいだけど，大体の場所は合ってる気がする」「腎臓が後ろの方にあるのも合ってる」そんな話に耳を傾けていると，「でも，これって普通の人じゃなくて，医者も使ってたんでしょ？」「医者がこんなふうに人の体のことを考えているのはまずいよね！」子どもたちは，自分の中にある常識と，江戸時代当時の常識の間を行き来しながら，徐々に不安な気持ちになっていく。

『当時の医者には，君たちみたいに"これはおかしい"と思った人はいなかったんでしょうか？』と問うと，子どもたちは教科書や資料集を開き始め，杉田玄白や解体新書などの言葉をつぶやき始める。そのつぶやきを取り上げながら，「杉田玄白は，どのようにして新しい学問を開いていったのだろう」という学習問題を立てた。

（宮田）

6年／町人の文化と新しい学問(2)

①経験をくつがえす

江戸の町の庶民の暮らし
棒手振（ぼてふり）から見る，江戸の町と新しい学問

　本単元は，江戸時代の町人文化と，その時代の人々に大きな影響を与えた新しい学問について押さえる単元である。知識を押さえる場面が多いため，教科書で確認して学習が流れてしまうこともある。

　しかし，子どもの思考をアクティブにするには，この町人文化という，今に直結する学習は非常に有効である。「江戸時代の庶民は，武士に支配され，息の詰まるような生活をしていたはず」という，子どもたちの思い込みに「あれ？」という立ち止まりの時間をつくっていくこと。そして，どんな文化とどのような学問があったかというただの確認ではなく，そこに生きる人々に着目させることが大切である。自分たちの今の生活と江戸時代の生活を比べながら，違いに気づくとともに現在につながっているものがあることに気がつくことができる発問を投げかけていく。

◆Before◆
平和で，安定した社会が続いた江戸時代の後半には，どのような新しい文化や学問が生まれたのだろうか

「おかしいよ！」これまでの経験をくつがえす発問

◆After◆
江戸の町に住む庶民（棒手振）はどのような生活を送っていたのだろう

　教科書にも載っている「熙代勝覧」から，棒手振に注目して，この人たちが何者なのか考えさせる。一人だけではなく，何人もの棒手振を子どもたちは探し出す。そのうちに，

棒の先についているものが人によって違うことに気がつく。
「この人たちって，何か売っているのかな？」とつぶやく子に「違うよ。ほら，市場の近くにたくさんいるじゃん。だから，この人たちは，今でいうと配達屋みたいな人じゃない」と棒手振の正体について，みんなでわいわいと話し合う。どこからともなく，「調べてみたい」の声。そこで，『じゃあ，江戸の町に住んでいるこの人たちが，何をしている人で，どんな生活を送っていたのか調べていこう』と発問する。

棒手振の生活を調べていくことで，日銭暮らしの生活も「足ることを知る」の価値観で，わりあい快適に暮らしていたことや，「歌舞伎」や「浮世絵」といった町人文化を楽しみにしていたことなどを主体的に学ぶことにつながった。また，寺子屋から出発して，その他の学問に広がり，その流れが大きなうねりとなって幕末から明治維新につながっていくことについて気づき，次の学習への見通しももつことになったのである。

棒手振の１日
・朝，市場で売り物の仕入れ
　600～800文（17000円程度）
・昼過ぎあたりまで商売
　売り上げ　1200～1300文
　　　　　　（30000円程度）
・家賃や次の日の仕入れ代金，食費を抜くと100文～200文
　　　　　　（3000円程度）
※自由に使って，１日楽しんだ。
→娯楽としての町人文化

「江戸時代の前に比べれば，平和でなかなかいい暮らしだと思うけど，なんで変わっていったんだろう」。これは，ふとした子どものつぶやきである。この後，「いい暮らし」ということについて，どの時代と比べているのかという話し合いが行われ，時間の使い方などを自分たちの時代と比べたとき，その感覚に大きな違いがあることに気がついた。

「なぜ，今の私たちのような考え方に日本は変わっていったのだろう」。このつぶやきは，次の「富国強兵」の時代の入り口となる問題となった。(鈴木)

参考：『江戸時代の暮らし方』小沢詠美子著，実業之日本社（2013）
　　　『一日江戸人』杉浦日向子著，新潮社（2005）

6年／世界に歩み出した日本(1)

①経験をくつがえす

衣食住の変化から
なぜ歴史に大きな変化が起きたか考える

　本小単元では，黒船来航・明治維新・文明開化を通して，諸改革を行い，近代化を進めたことを理解することを目的としている。単元の導入ではペリー来航・上陸の資料を出発点とし，明治維新につなげていく学習がオーソドックスな展開であろう。しかし，「どのように変化」したかを総花的に調べる傾向になりやすい。だからこそ，単元の導入で見通しをもち，調べてみたいと思えるようなしかけが必要である。そして，「なぜ変化したか」考える学習へつなげたい。その変化を強く印象づけ，なおかつ単元を見通せるような発問と，そこに結びつく教材がほしい。

◆Before◆
明治維新で日本はどのように変わっていったのだろうか

 「おかしいよ！」これまでの経験をくつがえす発問

◆After◆
なぜ，30年の間に，このような大きな変化が起きたのだろうか

　まずは，江戸時代の復習が大切である。幕藩体制・鎖国・身分制度・町人文化・国学・蘭学など江戸時代を印象づけることが大切だ。特に文化の中で，木でできた建物や，袴や髷などの服装や身なりなどに触れさせておく。江戸時代の「当たり前」を十分に刷り込んでおくことがまずは大切であろう。そうした江戸時代の当たり前の様子を写真として提示する。教科書ではよく銀座の町並みの変化を取り上げるが，もっとシンプルに変化を実感しやすくなるようなものとして「衣食住」を示す。それが前述の建物や服装である。また，変化の大きさだけでなく，スピードを意識づけるよう，30年後という時

間も区切っておく。

　洋装・洋食・西洋建築を順に出すと，子どもたちは今までの様子との違いの大きさに「なんで？」と素直に反応する。それを学習問題として取り上げると，Afterのようになる。しかし，この学習問題では物足りない。ここから子どもたちにどうしてこのような変化が起きたかを予想させる。当然，江戸時代の鎖国から「外国とのつながり」を導き出す。これだけ変わったのだから「江戸幕府も変わったのでは？」と予想する子もいる。中には，外国とのつき合い方で，戦争になったのではと予想し，武器の生産などにも言及する子どもも出てきた。こうした子どもたちの具体的な予想を，単元を学習していく視点とし，各時間の個別の学習問題にしていく。外国とのかかわりは黒船来航，政治の変化は明治維新と新政府，産業の変化は殖産興業などにつなげることで，単元を見通しながら変化をとらえていくことができる。

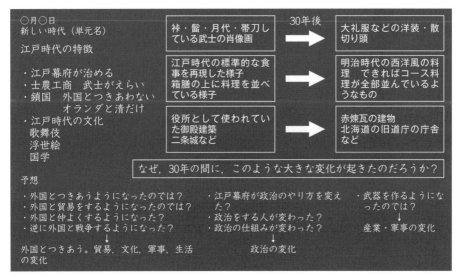

　このように，歴史の順次性をあえて考えず，結果だけを見せ，その理由や原因をさかのぼって考えるような学習を構成することは，変化の大きさを印象づけ，その理由や原因を探っていく動機づけとしての学習問題づくりに有効に働いた。

（石井）

6年／世界に歩み出した日本(2)

④多様な見方・考え方

「韓国併合」を多面的・多角的に考える

　1886年，横浜から神戸に向かった英船ノルマントン号が和歌山沖で沈没した。そのとき，船長ドレーク以下英国人乗組員26人はボートで避難して助かったが，日本人乗客25人は全員水死。しかし，船長は領事裁判で軽い罰を受けただけだった。幕末に欧米諸国と結んだ不平等な条約のためである。

　このノルマントン号事件というショッキングな事実と出会わせることによって，「政府は不平等条約を改正するためにどのような取り組みを行ったのか」という学習問題が成立する。憤った子どもたちは「条約改正のためには諸外国に対して強い日本を示していかなくてはならない」という考えをもとに，日本政府が行ってきた取り組み（岩倉使節団・鹿鳴館・大日本帝国憲法・日清戦争・日露戦争）について調べ，年表にまとめていく。

　このような学習の流れの中で，韓国併合の翌年に不平等条約が完全に改正されたことや，欧米諸国はどの国も植民地をもっていたことを理由に，「条約改正のためには，韓国を植民地にすることはやむを得なかった」と主張する子どもが出てきた。しかし，「でも…」とつぶやいている子どももいる。

　「韓国併合」を多面的・多角的な視点で考えていく授業が必要である。

◆Before◆
世界の中の日本の立場は，どのように変わっていったのだろうか

 「僕ならこう考えるよ」多様な見方・考え方を生み出す教材

◆After◆
韓国を植民地にすることはやむを得なかったのか

　授業では，韓国を植民地にしたという事実について「条約改正ができない

とまたノルマントン号事件のようなことが起こってしまう！」「日本の成長のためには必要だった！」など，これまでの調べ学習をもとに，植民地にすることはやむを得なかったという発言が続いた。しかし，「日本語の強制（朝鮮教育令）」「創氏改名（※１）」などの事実を根拠に韓国の人たちの側に立った発言が出てきた。「これじゃもう韓国という国がなくなっている！」「畜生という名前に改名するくらい怒っていたんだ。その気持ちわかるな…」。植民地にされるということはどういうことなのか具体的に考える事実が子どもたちから提示されたのである。そこで，「九州の炭鉱で働く少年たちの写真」，その少年たちが住んでいた「朝鮮人寮の壁に書かれていたハングルの写真（※２）」を提示した。

しかし，だれもハングルは読めない。子どもたちに予想を聞く。大事な時間である。

壁に書かれたハングルには以下のようなことが書かれていた。１つずつ読んだ。

「お母さんに会いたい」「おなかがすいた」「故郷にかえりたい」。

子どもたちはみんなじっと黙っている。その間，10秒くらいだっただろうか。筆者にはとてつもなく長い時間に感じられた。それは，日本の利益のために韓国を犠牲にすることの矛盾に気づき，これまでの自分の考えと向き合っていた沈黙の時間だったと思う。そして，ある子どもが言った。

「植民地にするっていうやり方は絶対にダメだと思う。でも，どうすればよかったのだろうか…」。

（由井薗）

※１　ここでは，創氏改名への抵抗として「玄田牛一」（縦書きで「畜生」と読める）と改名する者がいたという説を紹介した。
※２　黒羽清隆解説／梶村秀樹解説『写真記録　日本の侵略：中国／朝鮮』ほるぷ出版より

6年／長く続いた戦争と人々のくらし(1)

④多様な見方・考え方

当時の人々の立場に身を置いて考えてから戦争の原因や経過を調べる

　本小単元では，日中戦争やアジア・太平洋戦争がどのように行われ，それによって，人々の生活がどのような影響を受けたのかについて学習をしていく。空襲や原爆などによって，国民が大きな被害を受けたことを調べるとともに，中国などに大きな損害を与えたことについても，扱うことになっている。

　導入では，原爆や空襲によって，焼け野原になったまちの姿を提示して，戦争の悲惨さを感じさせることが多い。子どもたちは，戦争に対する強い問題意識や追究意欲をもつが，最大の関心事は「こんなにひどい戦争を，なぜしてしまったのか」である。けれども，教科書では，戦争の経過や結果を淡々と説明するだけにとどまっていることが多い。

　また，昭和のはじめに世界恐慌の余波を受けて，失業者や生活に苦しむ人々が増えたために，満州に進出したことが，教科書には書かれているが，この言葉だけでは，人々の苦しさや切実感が伝わってこない。子どもたちを当時の人々の立場に立たせ，知りたいことに応える授業展開を工夫する必要がある。

◆Before◆
日本が中国と行った戦争は，どのような戦争だったのだろうか

「僕ならこう考えるよ」多様な見方・考え方を生み出す発問

◆After◆
生活の苦しさを解決するために，君ならどうしますか
日本と中国の戦争は，なぜ始まり，どのように進んだのだろう

授業のはじめに，大根を生のままかじっている子どもの写真を提示して，感じたことを発表させていく。汚れた顔や着物，古びた家屋にも注目させると，貧しさやひもじさをよりいっそう感じ取ることができる。さらに，仕事を探す子どもや娘身売りの相談所など，昭和初期の農村の写真を解説しながら提示する。子どもたちは強い驚きを感じながら，不景気や凶作による生活の苦しさを実感していく。当時は，自分の土地をもたない小作農が多かったことも伝える。そして，『生活の苦しさを解決するために，君ならどうしますか？』と発問する。

　「食べ物を節約して耐える」「他の場所へ引っ越す」といった考えが出てくるだろう。『引っ越すと言っても，農業をできるような土地は，もうだれかが使っているよ』と切り返し，「それなら外国に行く」という意見を引き出してから，教科書に出ている「満州へ移住した人々」の写真や満州の地図を見せ，日本が大陸に進出して広大な土地を手に入れたことに気づかせていく。さらに，『中国や世界の人たちは，日本が満州を支配したことをどのように感じていただろう？』と尋ね，中国の不満が高まってきたことや，日本の行動が国際的な孤立につながっていったことを予想させていく。

　授業前半で，日本の置かれた状況や当時の人々の心情を把握したうえで，『この後，日本は中国と戦争を始めるのだけど，なぜ始まり，どのように進んだと思いますか？』と発問すると，子どもたちは根拠のある予想を立てることができる。そして，その予想が正しいかどうかを，進んで調べていく。

　この手法は，次の時間のアジア・太平洋戦争の学習でも使うことができる。日本が石油資源を求めて東南アジアに進出したことは，教科書の記述から読み取ることができるが，これは，日本政府がアメリカによる石油禁輸政策を見越して行ったものだ。当時の日本が，資源をアメリカに依存していたことがわかる資料を見せ，中国を支持する米英との関係が悪化していたことを伝えたうえで，『あなたが当時の首相ならどうするか？』と問うのだ。

　「あなたならどうするか」と考えさせてから調べ活動に入る方法は，様々な場面で応用することができる。

（嵐）

6年／長く続いた戦争と人々のくらし(2)

②数量に対する驚き

子どもの平均身長が変化した事実から，戦時中の人々の生活を追究する意欲を高める

　本小単元では，日中戦争やアジア・太平洋戦争がどのように行われ，それによって，人々の生活がどのような影響を受けたのかを学習していく。空襲や原爆などによって，国民が大きな被害を受けたことを調べるとともに，中国などに大きな損害を与えたことについても，扱うことになっている。

　導入では，原爆や空襲によって，焼け野原になったまちの姿を提示して，戦争の悲惨さを子どもに感じさせることが多い。さらに，戦争による死者の数（日本だけで約310万人。うち軍人230万人，民間人80万人）を示すと，戦争に対する問題意識や追究意欲が高まるが，最大の関心事は「こんなにひどい戦争を，なぜしてしまったのか」ということである。残念ながら，戦時中の人々の生活への関心は，それほど高まっていない。国民の生活の様子を調べる際には，子どもたちの追究意欲が高まるような意外性のある資料や発問を準備して臨みたい。

◆Before◆
戦争中，人々はどのような生活をしていたのだろうか

 「えっ，そんなに？」数量に対する驚きを呼び起こす発問

◆After◆
身長の伸びが止まるほどの生活とは，どのようなものだったのだろう

　戦争中は，食料も工場もすべてが軍事優先になるため，食料や物資不足が国民の生活を圧迫していった。その影響は，育ち盛りの子どもたちを直撃した。明治以来，子どもの平均身長は常に伸びてきたが，敗戦後は，全年代の身長がマイナスになった。特に14歳の男子は6cmも縮んでしまった。この

数字を提示することで，戦争中の国民の生活を予想させ，追究意欲を高めたい。

　授業のはじめに，14歳（中学３年）の平均身長を示す。1948年度を隠して提示し，後から見せると，いっそう驚きが増す。

	1939年度	1948年度	2015年度
男子	152.1	146.0	165.7
女子	148.7	145.6	156.6

　『明治時代以来，日本人の身長は少しずつ伸びてきましたが，1948年の調査では，日本人全体が小柄になっていました。減ったのは身長だけではありません。体重も14歳男子は1939年度43.6キロから1948年度は38.9キロへ，4.7キロも減りました』と教師が説明すると，子どもたちは「戦争中は食べ物が少なかったからではないか」と考え始める。

　現代の子どもたちに必要なエネルギー量は，12〜14歳男子で2500キロカロリー，女子で2250キロカロリーだが，集団疎開した児童が戦争末期に摂取していたエネルギーは，１日1300〜1400キロカロリー程度だったと言われている。身長の伸びが止まるのも当然である。

　『身長の伸びが止まるほどの生活とは，どのようなものだったと思いますか？』と発問する。すると，「食べ物が少なかった」「働く人が戦争に行ってしまって，食べ物がつくられなかった」「家が焼けて，料理ができなくなった」などと子どもたちは予想する。

　導入を工夫することで，子どもたちは，当時の子どもの立場に立って意欲的に調べたり，考えたりするようになる。

(嵐)

〈参考資料〉
・毎日新聞「数字は証言する〜データで見る太平洋戦争〜」
　http://mainichi.jp/feature/afterwar70/pacificwar/data4.html
　（閲覧日：2016／12／8）
・文部科学省「体力・運動能力調査」

6年／長く続いた戦争と人々のくらし(3)

④多様な見方・考え方

「青い目の人形」の処分を通して，戦争の悲惨さを改めて考える

　多くの人々が命を奪い奪われる戦争。子どもたちの戦争観は「多くの人が死ぬから残酷」である。しかし，戦争の悲惨さはそれだけにはとどまらない。「みんな同じでなければならない」「自分の思ったことを押し殺さざるを得ない」「心が変わってしまう」など，戦争は人々の日常生活をも変えてしまう。このような「戦争」について子どもたちが深く考え，自身の戦争観を広げることのできる有効な教材がある。それが「青い目の人形」である。

　「青い目の人形」とは，1927年の春，日米の親善を深めるため，アメリカの子どもたちから贈られた，12739体の人形のことを指している。この人形は文部省を通して全国の小学校や幼稚園などに配布され，子どもたちに歓迎された。贈られた人形一体一体にはそれぞれ名前とパスポート，片道切符，手紙，そして手づくりの着替えなどがついていたという。人形はまさしく「親善大使」であった。ところが，1941年に始まった太平洋戦争をきっかけに，多くは「敵国の人形」として処分されていくという運命をたどった。現在，日本全国の現存数はわずか321体あまりである。

◆Before◆
戦時中，人々は，どのような生活をしていたのだろうか

「僕ならこう考えるよ」多様な見方・考え方を生み出す教材

◆After◆
当時の小学生は青い目の人形のことを本心からにくんでいたのか

　戦時中に小学校高学年を対象にとられた「青い目の人形をどうするか？」というアンケート（「毎日新聞」1943年2月19日）の回答（「焼いてしまえ

133人」「こわしてしまえ89人」「送り返せ44人」「海へ捨てろ33人」）を小出しに提示し，最後の1枚の回答が何だったのかを問う。

　子どもたちからは「人形に罪はないからとっておく」「隠す」というような声が出てくる。ところが実際，当時の子どもたちの回答は「目につく所に置いて毎日いじめる31人」であった。それを知った子どもたちの驚きや共感をもとにした発言をつなげていくことでその感情を増幅させ，「当時の小学生は青い目の人形のことを本心からにくんでいたのか」という学習問題を成立させることができた。

> 「本心ではないと思うんだけど，1年生とかからずっと思い出を一緒につくってきた仲間だから，その仲間を殺すっていうのは…。さすがに世の中が戦争一色でも心からにくんでいるとは思えない（『なんで殺すの？　壊すじゃなくて…』）。青い目の人形はパスポートつきで日本に送られてきたから，人間と同様っていうか同じ価値？　普通，人形だったらただの人形で荷物としてしか数えられないけど，パスポートがあるからちゃんと人として数えられる存在。だから，アメリカの人形じゃなくて，もうアメリカ人として…」
>
> 「どちらとも言えないんですけど。本心の方は，家族など大切な人を失った人は敵国の全てのものをにくむ。本心ではない方は，愛着があったし，人形というのは動いたりできないから何もしてないから…。何もしてない人形をいじめたりするのは何だかいやだ！　ちょっとおかしい…」
>
> 「私はどちらかというと本心だと思う。この時代の子どもたちは鬼畜米英だとか，お国のためとか，天皇陛下万歳とか，そういうことしか教わってなかったから，そんな調子で先生が敵国の人形だって言ったら，ほとんどの人が焼いてしまえとかそういうふうに思って，その人形がどういう意味をもっているのか考えることをやめちゃってる状態だったと思う」

　このような話し合いを通して，戦争は人の命が奪われるだけでなく，人の思いや行動をも大きく変えてしまうということを実感的に理解していった。

（由井薗）

6年／新しい日本，平和な日本へ

⑤価値の対立

1964年東京，2016年リオ，そして2020年東京へ。世界に送るメッセージを考え，日本や世界が抱える課題に対する考えを深める

　日本の歴史を学習してきたまとめとして，本小単元の終わりには，「これから」の日本について考えさせることが多い。

　まずは「震災からの復興」「領土問題の解決」「米軍基地の問題」「憲法改正」「少子化，高齢化への対応」「経済の活性化」など，現在の日本が抱えている課題を考え，子どもに発表させていく。そして，自分が大切だと思う事柄を選び，その理由を記述して話し合う，といった展開が一般的だろう。

　しかし，どの考えがよりよいかを検討しても，前提になる情報が足りなかったり，子どもたち一人ひとりの価値観が異なったりするため，かみ合わないことが多く，「どれも大事だね」と終わりがちだ。発問を工夫することで，子どもたちの考えを深めていきたい。

◆Before◆
これからの日本はどのような国をめざしていったらいいのだろうか

 「私はこっちの立場なんだけど…」価値の対立を引き起こす発問

◆After◆
これからの日本が目指すべきことは何だろう
2020年の東京オリンピック開会式で，世界に送るメッセージを考えよう

　2016年のリオデジャネイロ・オリンピックの開会式を覚えているだろうか。入場行進を終えた選手たちが，植物の種をまいていた。その後，その種が成長し，緑の五輪マークをつくり出した。この演出は，熱帯林の減少が続くブラジルが，世界に向けて環境保護を訴えたメッセージだ。

　1960年代の日本では，産業の発達や所得の増加を目指した政策が行われた。

1964年の東京オリンピックでは、戦災からの復興をアピールするために、道路や鉄道などの交通網や下水道などのインフラが整備されていった。

2020年の東京オリンピックでは、日本は世界に向けてどのようなメッセージを発信したらよいのだろうか。

授業ではまず、1960年代に日本の人たちが目指していたことや、オリンピックに向けて新しいまちづくりが行われたことを振り返り、オリンピックの成功が日本の復興を世界に伝える大きな役割を果たしたことをまとめる。

さらに、リオデジャネイロ・オリンピックを想起させたり、開会式の映像や写真を提示したりして、ブラジルが世界に向けて環境問題の解決を訴えたことをつかませる。

そして、『これからの日本が目指すべきことは何だろう？ 2020年の東京オリンピック開会式で、世界に送るメッセージを考えよう』と発問する。その際に、ACジャパンが行っている全国キャンペーン「2020年に向け、日本を考えよう」の映像や広告を提示する。2016年度は「ライバルは、1964年」というタイトルで、「あの頃の日本人に、笑顔で負けるな。見る夢の大きさで負けるな。人を思いやる気持ちで負けるな」と呼びかけていた。子どもたちの関心が一段と高まることだろう。

次に、世界に送るメッセージとその理由を子どもたち一人ひとりに書かせていく。自分一人では考えられない子もいるならば、途中でどんなテーマを考えたか、子どもたち同士で情報交換をするとよい。考えたメッセージは、グループで話し合い、１つにまとめていく。さらに、グループの考えを発表して、よりよいメッセージはどれかを全体で話し合っていく。

「様々な課題の中から、何を優先するか。より価値のあるメッセージはどれか」話し合いを通して、子どもたちは総合的に考え、判断していく。最後には、再度個人で「2020年のオリンピックで日本が世界に発信するメッセージ」を記述する。話し合いを経て、より深まった考えが書かれることだろう。

(嵐)

6年／わたしたちの生活と政治(1)

④多様な見方・考え方

「子育てプラン」プレゼンを通して自分たちのまちづくりを考える

　本小単元では，国民主権と関連づけて政治は国民生活の安定と向上を図るために大切な働きをしていることを，市や県，国による社会保障，災害復旧の取り組み，地域の開発などの事例のいずれかを調べることを通して考えていく。しかし，政治の学習がしくみを理解することにとどまってしまい，子どもたちの政治に対する興味・関心がわきにくいのが現状である。

　選挙権が18歳に引き下げられ，授業の中で主体的に意思決定をする力を子どもたちがつけることが重視される。自分の生活と結びつけて考えをもつことや，多様な価値観をもつ友達と話し合うことで，自分の考えを深めたり，合意形成の方法を身につけられたりするような教材をつくりたい。

◆Before◆
子育て支援の願いは，政治の働きによって，どのように実現されているのだろう

「僕ならこう考えるよ」多様な見方・考え方を生み出す教材

◆After◆
自分たちの未来のまちに，あったらいい「子育て支援プラン」をつくろう

　典型事例として，教科書教材を取り上げてもよいが，自分の住む地域の子育て支援施設があれば，そちらを取り上げた方がよい。しかし，単元名にもある「願いを実現する」過程を経てできた公共施設（サービス）は，なかなか見つからない。いずれにせよ，「願いを実現するのが政治の働きである」ということがわかるように押さえておきたい。

　授業では，市内にある子育て支援施設の見学を行った。利用者は，保育園

や幼稚園に通っていない未就学児とその保護者である。子どもが利用できる施設を提供したり，親子で参加できるサービスを提供したりして，利用者のニーズに応えている。見学ではあったが，見るだけではなく，実際に利用者と触れ合ったり，話を聞いたりする場をつくっていただいた。そうすることで，「自分だったら…」という考えが生まれやすくなると考える。

　施設の方との質疑応答も，自分の考えを深める大事な場面である。大人の考えに触れることは，自分の気がついていない新しい見方・考え方を身につける絶好の機会である。

　こうして見学を終え，願いが実現する過程を学んだ後で，『自分の未来のまちに，あったらいい"子育て支援のプラン"をつくろう』という班ごとの話し合い活動を取り入れる。クラスには多様な考え方が存在し，全員が同じことを考えるわけではない。経験上わかってはいても，改めてこのような学習の場を設定すると，様々な意見が出てくる。1つの答えを出すのではなく，相手を納得させるための説明のしかたを学んだり，それぞれの意見を比べて優先順位をつけたりするなど，この場だけでは終わらない，「生きていくうえで必要な力」が身についていく。

　こういう力がつくことを意識して行う授業は，子どもたちにとって「この授業は自分のために必要だ」という有用感につながり，追究への意欲も高まるであろう。子どもたちが考えた子育てプランは，次のようなものがあった。

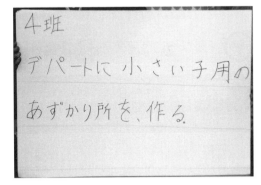

　「食べ盛りの子どもの割引券」「学校で使う道具の無料プレゼント」「幼稚園から給食を実施する」「自転車の無料貸し出し」「子ども用品が安売りになるサービス」

　どれも，子どもらしく，かつ，あったら便利なサービスである。

(柳)

6年／わたしたちの生活と政治(2)

④多様な見方・考え方

若者の投票率を上げるための取り組みを考え，政治に対する関心や主権者意識を高める

　公職選挙法が改正され，選挙権年齢が「18歳以上」に引き下げられた。選挙権年齢の引き下げは，実に70年ぶりである。その理由は，世界の189か国のうち93％にあたる179か国が18歳までに選挙権を与えていることが大きい。また，過去の選挙を見ると，20代の投票率が低いため，選挙権年齢を引き下げることにより，投票への関心を高めたいというねらいもある。

　2016年の参議院選挙における18，19歳の投票率は46.78％で，20代の35.60％，30代の44.24％を上回ったものの，全国平均の54.7％は下回った。

　若者の政治への関心を高める努力は，今後も欠かせない。本単元は，子どもたちにとって，初めての政治学習だが，政治のしくみを理解するだけにとどまらず，自分たちが将来の主権者になるのだという意識を高めていきたい。

◆Before◆
調べてきたことを整理し，あなたの考えをレポートに書こう

▼「僕ならこう考えるよ」多様な見方・考え方を生み出す発問

◆After◆
若者の投票率を上げるには，どうしたらよいだろう

　この授業は，政治単元のまとめの時間である。

　まず，『どうして選挙権は18歳からに引き下げられたのだろう？』と問う。子どもたちは，「多くの人たちの意見を聞くため」「若者の意見を取り入れるため」「若い人に政治に関心をもってもらいたいから」などと答えるだろう。

　そして，2016年に行われた参議院選挙の年代別投票率を，「投票率の高いのは，どの年代だと思う？」と尋ねて，少し予想させてから示す。

10代	20代	30代	40代	50代	60代	70代以上	全体
46.78	35.60	44.24	52.64	63.25	70.07	60.98	54.70

(単位％)

　気づいたことを発表させ，「若い人の投票率が低い」「20代は60代の半分しか投票していない」といった考えを引き出す。この状態がこのまま続くと，若者のための政治が行われにくくなってしまうことに気づかせていく。
　さらに，「若者が投票に行かない理由」も提示する。「仕事や用事があったから」「選挙に興味がないから」「投票しても世の中が変わると思えないから」「投票場所が遠いから」といった理由を知ることで，対策を考えやすくなる。
　そして，『若者の投票率を上げるには，どうしたらいいだろうか？』と発問して，考えさせる。『自分にできることも考えられるといいね』と付け加える。この問題を他人事ではなく，自分事にするためだ。
　個々に考えてから，グループで意見交換をする。グループで１つに絞る必要はない。投票に行かない理由は多様なのだから，様々な対策が必要だ。
　「ＣＭを流す」「若者に人気のあるタレントに宣伝してもらう」「若者の雑誌で特集を組む」のように関心を高めるアイデア，「駅の近くに投票所をつくる」「インターネットで投票できるようにする」「投票期間を延ばす」のように投票の利便性を高めるアイデアが多く出てくるだろう。
　「普段から世の中のことに興味をもつ」「新聞を読んだり，ニュースを見たりする」のように，日常的に自分たちでもできることを考えた子どもがいたら，大いに褒めたい。
　授業の終わりには，多くの子どもたちが「もっと政治にも興味をもちたい」「18歳になったら選挙に行きたい」と答えるはずだ。　　　　　　（嵐）

〈参考〉
・総務省「衆議院議員総選挙における年代別投票率の推移」
・国立国会図書館調査及び立法考査局「諸外国の選挙権年齢及び被選挙年齢」（2013年12月）

6年／わたしたちのくらしと日本国憲法

②数量に対する驚き

「戦後71年」という国が世界ではたった6か国しかないという事実との出会いを通して，その重みについて考える

　2016年，日本は「戦後71年」を迎えた。つまり，第二次大戦後71年間，日本は一度も戦争をしていないということである。しかし，世界の195か国中，日本のような「戦後」のある国は一体いくつあるのだろうか。

　第二次世界大戦では，60か国が戦争に参加し，中立国はわずか5か国，文字通り「世界大戦」であった。広瀬隆著『クラウゼヴィッツの暗号文』（新潮社）に掲載された戦後の戦争地図によれば，世界大戦後もこの地球上で300回以上の戦争が起こっている。そして，ついに現在に至るまで，地球は1日も休みなく戦争を続けてきたのである。

　日本では「今年は戦後〇〇年」という言い方を当たり前のようにする。しかし，そのように言える国は，実は世界でたった6か国しかない。信じられない事実である。日本国憲法の前文と第9条の重みについて考えさせたい。なお，この実践は，佐久間勝彦氏が教材発掘し，有田和正氏が授業を積み重ねたものに，パワーポイントによる教材提示の工夫を加えたものである。

◆Before◆
　憲法の平和主義の考えは，市や国の政治にどのように反映されているのだろうか

 「えっ，そんなに？」数量に対する驚きを呼び起こす教材

◆After◆
　なぜ日本は戦後が71年も続いているのか

　『戦後71年とはどういうことだろうか？』と問いかけると，「アジア・太平洋戦争から後のこと」「第二次世界大戦が終わってから71年経ったこと」「71

年間戦争をしていないということ」などの声が返ってくる。
　『第二次世界大戦に参加した国は，何か国くらいあったのだろうか？』と発問した後，資料としてスウェーデン，アイルランド，スイス，スペイン，ポルトガルの5か国に緑色で着色した世界地図を配布し，『これが第二次世界大戦に参加しなかった中立国。ちなみに残りの参戦国は60か国だった』ことを伝える。すると，子どもたちは「本当に世界大戦だね」「こんなに世界中で戦争をしていたら，戦争のことが心底嫌いになるよな」「戦争は人が死ぬだけでなく，人の心も変えてしまうもんね…」と感想をもらす。
　『きっと世界中の人々が，そんな気持ちだったと思う。その後，戦争は起こらなかったのかな？』と切り返す。子どもたちは首を振り，教科書，資料集などから第二次世界大戦後に起こった戦争（朝鮮戦争，ベトナム戦争，イラン・イラク戦争，中東戦争…）を拾い上げている。「この71年間に何回の戦争があったんだ。すごい数だ！」とノートに書き切れないほどの戦争名を書いている子どもが叫ぶ。
　そこで，パワーポイントを使って第二次世界大戦後の1945年から10年ごとにまとめた「戦争地図」を古い方から1枚ずつ提示する。戦争や内乱が起こった国は着色され，その国はそれ以後の10年も着色されたままである。子どもたちは，提示を重ねる毎に，世界地図がどんどん赤くなっていくことに驚いていく。そして祈るような気持ちで日本を見つめる。2014年まできたとき，真っ赤にそまった世界地図に，ほんのわずかであるが白く残ったままの国が6か国。フィンランド，スウェーデン，アイスランド，スイス，ブータン，そして日本である。そこから，「なぜ日本は戦後が71年間も続いているのか？」という学習問題が成立した。
　「空襲や原爆などで本当に戦争は悲惨なものだとわかったから」
　「日本国憲法の前文や第9条のおかげだ」
　「今でも非核平和都市宣言の看板がすぐそこにあるよ」
　「平和の大事さをこうして小学校で授業しているから！」

（由井薗）

6年／世界の未来と日本の役割(1)

④多様な見方・考え方

日本人ムスリム（イスラム教徒）松井秀司さんの個人史からイスラム教とともに暮らす人々について考える

　グローバル化の進展から，「内なる国際化」が求められている現在，子どもたち一人ひとりに，異なる文化や習慣を尊重する態度をはぐくむことが大変重要である。そこで，本単元では，日本でムスリム観光客を対象としたツアーを実践し，自身もムスリムである旅行会社社長，松井秀司さんの生き方を取り上げる。1959年生まれの松井さんは，52歳のときにイスラム教に改宗。現在，食生活や礼拝などの様々な戒律があるムスリムたちに，安心して日本を旅してもらえるよう日々奔走している。

　海外からの日本への観光客は2015年に過去最高の1973万人を数え，イスラム圏からも確実に増えている。ただ，日本におけるイスラム教のイメージは，テロや戦争，戒律に縛られて不自由などのネガティブなものである。しかし，2020年のオリンピックに限らず，外国人労働者受け入れにおいても，今以上に多くのムスリムが来日し，イスラム教理解の必要性はさらに高まることになる。「無知は偏見を生み，偏見は差別を生む」。今，世界中で暮らす20億人近くのムスリムに対して，私たちは「無知」であってよいのだろうか。

◆Before◆
イスラム教とととともにある暮らしとはどのようなものだろうか

「僕ならこう考えるよ」多様な見方・考え方を生み出す教材

◆After◆
なぜ松井さんはムスリムになったのか

　日本に来るムスリム観光客のために，旅行会社社長松井さんは，①「ハラール食（ムスリムが食べてもよいと許可された食事）」の用意，②礼拝場所

や礼拝グッズの用意，③女医の確保という「おもてなし」を行っている。松井さんという人物に対する関心が高まったところで，松井さんの個人史を提示する。すると，子どもたちはいつものように気になる箇所にマーカーを引いていく。

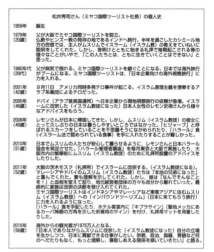

子どもたちが引いた箇所は，20歳の「この人（イスラム教徒）たちとはともに生きていくことができない」，52歳「イスラム教徒になる」「（娘が）血相を変えて怒り」「地元経営者団体の方々も自分から離れていった」，56歳「日本人でありながらムスリムに改宗した自分の立場を生かしつつ，日本に貢献できる仕事がしたい」などである。なぜそこにマーカーを引いたのか交流し合うことから，「松井さんがムスリムになったことをなぜ娘さんたちは怒ったのか」ということが話題になった。

「豚肉やアルコールがダメだったり，1日5回の礼拝があったり，断食月があったりと日本の生活習慣とあまりにも違いすぎる」「イスラム＝テロのイメージがあるし…」「自分のお父さんがある日突然イスラム教徒になったって言われたら…」このような子どもたち同士のやり取りから「なぜ松井さんはムスリムになったのか」という学習問題が成立した。

子どもたちは，この問題解決の過程で，新聞記事やネット，さらに松井さん本人へのインタビューをもとに「イスラム教の教えは，神の前でみな平等という考えがあり，白い皮膚と黒い皮膚の人たちが横一列に並んで礼拝をすること」「イスラム教徒が本来の"ジハード"としての被災地支援やホームレスの方々への炊き出しを行っていること」「20億のムスリムとつながることは，ビジネスチャンスになり，国益にもなること」などについて実感的に理解し，偏見を克服し，異なる文化や習慣を尊重する態度をはぐくんでいくことができた。

（由井薗）

6年／世界の未来と日本の役割(2)

③怒りなどの心情に訴える

世界の子どもたちの姿を通して
世界の未来と日本の役割について考える

　本小単元では，世界平和の大切さと我が国が世界平和のために重要な役割を果たしていることを，国際連合やユニセフの活動について調べることを通して考えていく。ただ，世界の様々な問題が総花的に扱われていることにより，知識にとどまってしまっている傾向も見られる。

　すべての人の命が尊重され，だれもが安心して生き生きと暮らすことのできる社会の実現に向けて，子どもたち一人ひとりが主体的に考えていくためには，遠い世界の出来事を身近に感じることのできる教材が有効である。世界の様々な問題を子どもの姿を通して理解し，その解決のためにどのような活動が行われているのか，何ができるのか考えることのできる教材がほしい。

◆Before◆
平和な世界を実現するために，どのようなことが行われているのだろう

 「ひどい！」怒りなどの心情に訴える発問

◆After◆
世界の子どもたちの命を守るために，どのようなことができるのだろう

　幼い子どもが書いた子どもが5人描かれた絵（「国際協力 NGO ワールド・ビジョン・ジャパン」の新聞広告，解答部分を折り曲げて隠してある）を提示し，『子どもは何人？』と問う。みな「5人」と答える。5秒数え，再度「子どもは何人？」と問う。どう見ても5人であるが，『正解は，4人。今，世界で5秒に1人の子どもが亡くなっているから』なのである。

　子どもたちは，「えーっ！」「ひどい！」と驚きや怒りの声をあげた。そして，その理不尽さや死亡原因の予想について語り始めたのである。

そこで，男の子が泥水を飲んでいる写真資料を，パワーポイントを用いて提示する。ただし，何を飲んでいるかがわからないように泥水の部分を隠しているので，子どもたちは何を飲んでいるかについて自然に予想し始める。

　教科書・資料集には，食料の配給に並ぶ子どもたちの写真資料など様々な資料が掲載されているので，予想を立てやすい。予想を出し合ったところで，隠している部分をとると，さらに驚きや困惑した表情を見せる。「こんな泥水を飲んでいたら病気になって死んでしまう…」。

　今，世界では3人に1人が水不足に苦しみ，8人に1人が安全な水を使うことができない環境にいると言われている。

　さらに，幼い子どもと，やや年上の少年2人の写真資料もパワーポイントを用いて提示する。しかし，ほとんどが空欄部分で覆われているので，何をしているところなのかわからない。ただ，2人とも厳しい顔をしている。予想が一段落したところで，空欄部分を外す。

　「…」。

　子どもたちは絶句した。2人とも銃を持っているからである。戦争に巻き込まれ，命を落としたり，家族を失ったりする子どもも後を絶たない。

　「同じ地球に生まれたのに，自分たちの生活とあまりにも違う！」
　「何かできないかな。こんなのひどいよ！」
　「できるわけないじゃん！」
　ここで子どもたちに発問する。
　『何もできることはないのだろうか？』と。
　すると，
　「1錠で5Lの水をきれいにできる浄化剤104錠が100円で買える！」
　「ユニセフ募金で私たちも支援できるね！」
　「国連やNGO，青年海外協力隊，他にも様々な活動を日本は行っているよ！」
　「自分たちが何もできないということはないんだね！」…。

　このような声を受け，「世界の子どもたちの命を守るために，どのようなことができるのか」という学習問題が成立したのである。

（由井薗）

【監修者紹介】
由井薗　健（ゆいぞの　けん）
筑波大学附属小学校教諭，小学校社会科授業づくり研究会代表，初等社会科研究会常任理事，日本社会科教育学会会員，日本地理教育学会会員

粕谷　昌良（かすや　まさよし）
筑波大学附属小学校教諭，小学校社会科授業づくり研究会事務局，初等社会科研究会常任理事，日本社会科教育学会会員，日本地理教育学会会員

【編著者紹介】
小学校社会科授業づくり研究会
渡邊　泰彦（千葉県館山市立館山小学校）
阿部　広樹（千葉県市原市立清水谷小学校）
須賀　和宏（埼玉県さいたま市立春岡小学校）
石井　俊道（千葉県館山市立北条小学校）
柳　　圭一（千葉県浦安市立美浜北小学校）
鈴木　遼輔（横浜国立大学附属鎌倉小学校）
宮田　諭志（東京学芸大学附属竹早小学校）
大村龍太郎（福岡県嘉麻市立稲築西小学校）
嵐　　元秀（東京都練馬区立仲町小学校）

小学校社会科　Before & Afterでよくわかる！
子どもの追究力を高める教材&発問モデル

2017年2月初版第1刷刊	ⓒ監修者	由井薗健・粕谷昌良
2017年6月初版第2刷刊	編著者	小学校社会科授業づくり研究会
	発行者	藤　原　光　政
	発行所	明治図書出版株式会社

http://www.meijitosho.co.jp
（企画）茅野・赤木（校正）小松
〒114-0023　東京都北区滝野川7-46-1
振替00160-5-151318　電話03(5907)6701
ご注文窓口　電話03(5907)6668

＊検印省略　　　組版所　中　央　美　版

本書の無断コピーは，著作権・出版権にふれます。ご注意ください。

Printed in Japan　　　ISBN978-4-18-193419-4
もれなくクーポンがもらえる！読者アンケートはこちらから →